创业企业全流程法律服务指引

Start-up enterprises:
Guidebook on Legal Services in Whole Process

上海翰鸿律师事务所
上海欣谷高科技创业服务有限公司 / 编著

主　编　何东宏　汪智豪

编写人员　王徐苗　杨静波　姚　婕　金　玮
陶斌磊　罗　杨　徐　静　周殷霖
邹宁尘　张　琦　鲍丹丹

法律出版社 | LAW PRESS

让法律为创业服务

——为《创业企业全流程法律服务指引》一书作序

30年来，上海的科创事业走过了从无到有、从小到大、从政策设计到模式创新的不平凡历程。随着科技创业企业不断涌现，创业服务需求愈发突出。上海欣谷高科技创业服务有限公司是上海市中心城区运营科创园区成绩突出的一家企业，特别是在知识产权服务平台建设上有着鲜明特色。而上海翰鸿律师事务所则是长期耕耘在科技创业孵化工作一线的专业型法律服务机构，其服务的园区覆盖了上海众多孵化器和众创空间。

近日欣悉两家机构联袂出版了《创业企业全流程法律服务指引》一书，该书旨在为创业者们提供一本具有指导作用的实践性书籍。按照企业生命周期的发展规律，结合法律从业人员长期服务创业企业的经验将本书分为六个章节，从企业种子期到初创期、成长期、成熟期、衰退期共五个章节，在创业的不同阶段解答创业者对于法律的一些疑惑与问题。特别是本书第六章帮助创业企业守住底线、防范刑事法律风险。通读全书，我深刻地感受到全体编撰人员扎实的专业功底，体现出他们长期扎实从事一线科创法律服务的经验。全书内容全面、案例生动、实践性强。

上海出台的《关于加快建设具有全球影响力的科技创新中心的意见》中明确指出要“强化法治保障、实行严格的知识产权保护”。我相信，在上海打造科技创新中心的大背景下，本书的出版将为上海乃至全国众多的创新创业企业带来帮助。在本书问世之际，我欣然提笔以此为序，谨推荐给读者。

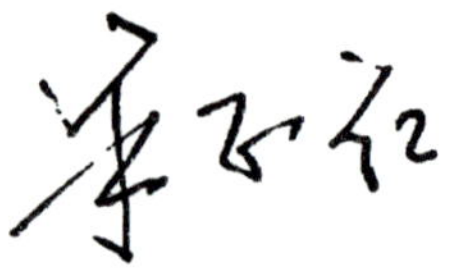

上海市科技创业中心主任　朱正红

2017 年 11 月

前　言

随着“大众创业、万众创新”的精神深入人心，越来越多的人投身到创业的热潮中，各类创业企业和创业园区如雨后春笋般不断涌现。然而，伴随海量创业企业发展的，是创业过程中的各类法律问题层出不穷，轻者造成创业者的经济损失，重者甚至给创业者带来牢狱之灾。

《创业企业全流程法律服务指引》旨在为创业者们提供一本具有指导作用的实践性书籍，按照企业生命周期的发展规律，结合法律从业人员长期服务创业企业的经验撰写。本书共分为六章，从企业种子期到初创期、成长期、成熟期、衰退期共五章，在创业的不同阶段解答创业者对于法律的一些疑惑与问题；第六章为创业企业刑事法律风险，帮助创业企业防范刑事法律风险。

作者希望本书能成为创业者在创业过程中的法律工具书，在创业过程中经常翻一翻，查找对标解决相应的法律问题，避免法律风险，为企业的发展“保驾护航”。本书的编撰过程中也多次听取了许多创业企业的编撰建议，对大家关注的重点问题都进行了一定程度的阐述，若还有疏漏之处恳请各位读者批评指正。

作　者

2017 年 12 月

目　　录

第一章　种子期(创意期)

第一节　种子期的特点及主要需求分析　1

第二节　企业设立前应知的几个概念　3

(一)创业相关的基本概念　3

(二)实例　6

第三节　企业设立　7

(一)设立地点的选择　7

(二)出资协议的起草　9

(三)关于出资的若干法律问题　11

第四节　企业治理1.0　14

(一)公司章程制定1.0　14

(二)企业股权结构设计1.0　27

第五节　企业劳动用工制度　29

(一)劳动合同与员工手册　29

(二)保密协议与竞业限制协议　35

第六节　企业知识产权保护1.0　39

(一)商标注册及相关法律问题　39

(二)著作权归属及相关法律问题 45
(三)专利权的取得及相关法律问题 49

第二章　初创期(孵化期)

第一节　初创期的特点及主要需求分析 55
第二节　企业制度建设 59
(一)财务制度建设 59
(二)税务制度建设 62
第三节　企业合同1.0 65

第三章　成长期

第一节　成长期的特点及主要需求分析 69
第二节　企业治理2.0 70
(一)股东会制度 70
(二)董事会制度 75
(三)监事会制度 76
(四)经理层 77
(五)公司章程制定2.0 81
(六)股权结构设计2.0 88
第三节　分支机构与子公司 92
(一)企业设立分支机构及相关法律问题 93
(二)企业设立子公司及相关法律问题 95
(三)分支机构与子公司的比较 96
第四节　企业知识产权保护2.0 97

（一）商标宽展期及相关法律问题 97
（二）专利续费及相关法律问题 98
（三）专利的实施许可、转让及相关法律问题 98
（四）商标的使用许可、转让及相关法律问题 100
（五）著作权的许可使用、转让及相关法律问题 103
第五节　企业融资 106
（一）股权融资及相关法律问题 106
（二）债权融资及相关法律问题 111

第四章　成熟期

第一节　成熟期的特点及主要需求分析 117
第二节　企业治理3.0 119
（一）股权激励制度及相关法律问题 119
（二）关联交易及相关法律问题 129
第三节　企业合同2.0 135
（一）合同模板制定 135
（二）合同台账及分类管理 140
第四节　企业并购与对外投资 145
（一）资产收购及相关法律问题 145
（二）公司并购及相关法律问题 148
第五节　企业挂牌及上市 151
（一）企业新三板挂牌及相关法律问题 151
（二）企业上市及相关法律问题 155

第五章 衰退期

第一节 衰退期的特点及主要需求分析 161
第二节 企业解散 162
(一)企业解散的事由及法律后果 162
(二)企业解散清算程序 164
第三节 企业破产清算 165
(一)破产申请及受理 165
(二)破产管理人 166
(三)债权人申报及债权人会议 168
(四)破产重整、破产和解、破产清算 172
第四节 吊销营业执照 177
第五节 公司注销登记 178

第六章 创业企业刑事法律风险防范

第一节 高管的刑事法律风险 187
第二节 企业经营中常见的刑事法律风险 191
第三节 税务管理中的刑事法律风险 197

第一章

种子期(创意期)

第一节　种子期的特点及主要需求分析

1. 种子期的特点

种子期意味着企业尚处于初创萌芽阶段,也是企业生命周期的开始。在这一阶段,企业通常具备以下特点:

(1)生产规模小。种子期的企业一般囿于人手不足、资金短缺的困境,除非得到天使投资,否则生产与经营规模难以在短时间内快速扩张。

(2)市场份额低。相较于同业内已经取得一定知名度的企业,种子期企业属于初来乍到的新人,产品大多仍处于研发或者试运营阶段,占据的市场份额相对较低。

(3)固定成本大。创业之初,种子期企业需要承担房屋租金、人力资源费用、运营费用等高额成本,容易给企业日常经营造成困难。

(4)组织结构单一。种子期企业一般由创始人构建组成企业管理层,大多采取集权模式,尚未形成完整的公司治理模式及决策机制。

(5)灵活多变性。虽然种子期企业相较于成熟型企业有许多经营方面的劣势,但正所谓“船小好掉头”,体量小也正是种子期企业的优势所在,使其能够迅速适应市场环境并根据自身发展需要作出相应调整。

2. 种子期的主要需求

针对上述存在的现状,种子期企业要在最短的时间内迅速成长,需要满足以下需求:

(1)选择一条正确的“赛道”。创业就是一次竞技、一场博弈,如何在行业中拔得头筹,是每一位创业者都需要思考的问题。种子期阶段,企业必须对市场进行理性的分析和判断,分清楚自己所选择的“赛道”最终是否会被大企业介入并驱逐或吞并,在其还没介入时扎稳脚跟,稳固未来的市场。

(2)打造独特的商业模式。所有的成功都是不可复制的,企业需要在摸索和实践中探求自身的商业模式,制定一套符合企业需求的规则,打造有别于传统的新型商业模式,如此才能吸引投资者的目光,获得资金扶持。

(3)搭建一支优秀的团队。在当前的市场环境下,人合因素往往是企业生存发展的关键,团队就是管理者的核心部分。这些骨干成员不仅需具备胜任各自工作的能力,还应对企业文化和价值观产生认同感和归属感。一支对创业同样充满激情的团队,更有利于企业发现新的发展方向。

总之，种子期阶段的企业，必须对自身进行深入剖析，找到自己的定位，才能在创业伊始占据“制高点”，开启生命周期的全过程。

第二节 企业设立前应知的几个概念

开始创业之前，可能我们每天都听到的是各种各样的想法，杰出的创意，技术的突破，找了各路有能力的合作伙伴，等等。创业似乎是一件很酷、很创新、很完美的事情。

但是如果真的要从一个想法变成一家企业，变成一个受法律约束和调整的实体，就应当要对几个基本的概念做一些了解，以免后患。

（一）创业相关的基本概念

1. 公司

讲到公司，人们似乎总能联想到商务楼里忙碌的办公室，或者是隆隆作响的大型厂房。确实，公司这一名词已经渗透到我们生活的各个角落，似乎已经非常熟悉。但对于什么是公司，或者说什么是法律意义上的公司，恐怕仍需要仔细研究一番。

我国《公司法》意义上的公司就是“有限责任公司”或“股份有限公司”，并强调：公司是企业法人，有独立的法人财产，享有法人财产权。创业者通过出资设立的过程成立了一家公司，就赋予了这家公司独立的人格。比如，公司能够承租房屋、购买办公用品、收取货款,还能够提起诉讼,取得行政许可。但更为重要的是,公司拥有独立的财产,所以无论是创业者的出资,还是公司获取的收益都属于公司自己所有,而不能由股东随便挪用。

创业者应牢固树立公司为独立法人的概念。

2. 法人

前面提到的法人,在法律体系内是相对于"自然人"而言的。所谓"自然人"就是每一个有生命的人,生命源自大自然的繁衍规律,而法人的"生命"由法律赋予,除此区别之外,在法律体系内法人几乎和自然人无异,都要独立承担民事责任。法人一般分为机关法人、社团法人、企业法人,本书中我们一般讨论的是企业法人,企业法人的资格一般通过工商登记的方式取得。

在日常用语中,法人还经常与一个概念混淆,即"法定代表人",我们常常说某某某是一家公司的法人,但这在法律上是不准确的。我国的《民法总则》将法定代表人明确定义为"代表法人从事民事活动的负责人,为法人的法定代表人"。我们可以把法定代表人理解成一个岗位,这个岗位有权代表公司报价,有权代表公司投标,有权代表公司签订合同,等等。

3. 股权

一旦公司设立完成,股东就享有相应的股权,股权是股东对公司享有一定权利的资格。对此,我们可能最先联想到分红的权利,有了股权就能享有一家公司的收益。

但其实,股权的意义远比这广泛得多。一方面,拥有股权能分享公司收益，还能够参与公司的决策、参与公司章程的修订、查阅公司的会计账簿、优先认缴新增资本等。但另一方面，股权也给股东捆绑了一些约束，如股权所对应的出资义务，以及在股权转让中必须遵循《公司法》和公司章程的规定等。

4. 合伙

创业者在创业过程中会遇到各种合作伙伴，或许几个人一拍即合，成立了一家公司，之后便互相称为合伙人。

但其实“合伙”一词在法律上有特定的含义，通常指的是“合伙企业”中的各种关系。“合伙企业”是我国《合伙企业法》规定的一种组织形式，没有股东对企业进行出资，而是由“合伙人”进行出资。

“合伙企业”与前述“公司”最大的区别在于，“公司”股东以其认缴的出资额为限对公司承担责任，“合伙人”却需要对“合伙企业”的债务承担无限连带责任（有限合伙企业除外）。

5. 企业

严格来说，“企业”一词并不是法律概念，但却是一个非常贴近日常生活的用语，如企业家、企业管理、中小企业等。在这里，我们可以把企业理解成以营利为目的的组织，上面提到的公司就属于企业这一大概念。

本书使用《创业企业全流程法律服务指引》这一标题，而非《创业公司全流程法律服务指引》，其目的也在于贴近创业，易于理解。但还是要再次提醒请各位读者注意，本书主要介绍的是我国法律中“有限公司”这一被最广泛使用的企业形式的各种法律知识与问题。

(二)实例

下面以一个例子辅助理解上面的一些概念:

A和B精通软件开发,两人决定创业。经过一番考虑,两人决定设立一家有限公司,并取名C公司。到工商局办理设立手续后,两人领到了营业执照。这时候,我们称A、B是C公司的股东,A、B享有C公司的股权。

而A和B在设立之前已经商量好,由A担任法定代表人。这时候,我们称A是C公司的法定代表人。

公司开业后,A代表C公司与客户W公司签订了《软件销售合同》,货值10万元。合同签订后,W公司支付了首期款5万元。这时候,我们要理解,这笔5万元的收入是属于公司的,而不是属于A或B的。

但过了许久后,W公司仍未付剩下的5万元,A和B决定起诉。这时候,我们要理解,C公司是一个法人,《软件销售合同》中的权利义务都是由C公司享有的,因此向法院起诉的主体应该是C公司,即原告是C公司。相应地,被告也不应该是W公司的股东,而应该直接是W公司本身。

最终,法院判决W公司向C公司支付剩余货款5万元。但没想到,W公司已经资不抵债,无力支付剩余货款5万元。这时候,我们要理解,所欠的5万元是W公司这个独立法人的债务,而不是W公司的股东的债务,因此即使W公司资不抵债,一般情况下也无法向W公司的股东要求支付。

第三节　企业设立

(一)设立地点的选择

许多企业在设立时往往对注册地的选择欠缺足够的考量,简单地认为注册地仅仅起到“住所”的作用,却忽略了背后的“玄机”,导致商机的流失。笔者认为,种子期的企业应当从以下因素考虑选择合适的设立地点:

1. 财税政策及待遇

在政府号召与鼓励“大众创业、万众创新”的浪潮下,种子期企业无疑是出生在了好时代,但如何最大限度地抓住时代的机遇,却并非每一个企业都能把握并实现。企业应当首先明确自己的发展方向和领域,并有侧重地寻找与本行业密切相关的扶持政策,选择在该地注册有助于在种子期阶段借助政府力量快速成长。

实践中,各地为了吸引企业落户或对特定产业进行引导与激励,竞相出台地方性的税收优惠与财政扶持政策,以致出现了一些“政策高地”与“税收洼地”,注册在此类“政策高地”与“税收洼地”的企业往往能够享受此类地方性的税收优惠与财政扶持政策。各地出台的税收优惠与财政扶持政策种类及力度不一,需要企业根据自身所处发展阶段、行业特性、产品或服务的特征等进行具体甄别并作相应申请。

常见的税收优惠与财政扶持政策种类有:税收减免或财政

奖励、现金补贴、无偿提供土地、厂房、办公室等办公或运营设施以及提供融资或信贷支持等。

但值得注意的是,地方性的税收优惠与财政扶持政策存在被上级政府清理或整顿的风险。因此,在对设立地点进行选择时,不能单一只考虑税收多少,同时也需要考虑相应政策的长期性和稳定性。

2. 行业监管环境

每个企业所处行业必然要受到有关政府部门的监管,相对而言,适当宽松的监管环境能给种子期企业减少些许束缚和障碍,令其在符合政策法规的范围内自由发展成长,更有利于种子期企业的生存。如上海设立自由贸易试验区,正是以其相对独立、轻松的监管环境,吸引众多创新性企业入驻,给予企业一个宽广自由的生存空间,发挥企业创新自主性。

3. 产业聚集效应与创新创业氛围

首先,注册在产业聚集地能够使创业企业与更多的相关企业建立起联系,使创业企业的创始人能够与诸多的相关企业的创始人认识并建立起联系,由此,创业企业及其创始人能够尽可能多地从其他相关的企业及其创始人处获得资源、信息、技术、人脉甚至心理上的支持与帮助。

其次,产业聚集地往往也建立起了比较成熟的针对该产业及相关公司的服务体系,包括相关的制度(如税收优惠与财政扶持)及产业基础设施的支持。

最后,身处产业聚集地,能够让创业企业及创始人更快、更深刻地跟进产业发展动态、趋势,了解自身发展的特点及与同行业公司相比的优势、不足或差距，及时调整或修正自身发展的战略或战术。

目前市场上普遍出现的创客空间、创业孵化器、创业园区等，都是创新创业氛围比较好的地方，也因此吸引了大批的创业企业入驻。

4. 政府对于企业融资及上市的支持态度

对于种子期企业，融资及上市或许还很遥远，但政府的支持态度也是不容忽视的重要因素。企业上市是一件费时、费力且耗费资源的事情，如果在这件事情上能够得到企业所在地政府的大力支持，艰辛与磨难将相对少一些。

根据目前的实践，企业在国内上市，往往需要完成重组与改制，需要获得税务、社保、环保、工商、质监及行业监管等政府部门出具的合规确认函，需要获得证监会（或全国中小企业股份转让系统）的审批、核准或同意。如果企业在完成上述上市准备的过程中，能够得到企业所在地政府的大力支持，上市时间和融资成本都将大大减少。

（二）出资协议的起草

出资协议，又称设立协议或发起人协议，是以设立公司为目的而订立的。选择了合适的设立地点后，创业公司面临的一个很重要的问题，就是如何起草合作方之间的出资协议。一般而言，出资协议包括公司的资本结构、出资人在设立过程中的权利义务、公司设立不成时费用的承担等内容。

1. 公司的资本构成

在协议中,需要明确约定公司的注册资本数额、出资比例、出资方式和出资期限。这些是公司重要的资本构成情况,构成了公司的基本轮廓。

2. 出资人在设立过程中的权利义务

在协议中,需要明确股东的出资责任,这是出资人在设立过程中权利义务的关键。股东的出资责任包括出资违约责任和资本充实责任。

股东出资违约责任,是指股东未按照协议出资时,应承担缴纳出资和应向足额出资的股东进行违约赔偿的责任。

股东资本充实责任,是指未按照协议约定出资的股东对出资差额的填补责任,以及其他已出资的股东对该股东填补责任的连带责任。资本充实责任是只适用于股东的特殊出资责任,这种责任是连带责任,股东中的任一人对全部公司的资产不足均负有充实责任,先行承担资本充实责任的股东,可以向出资违约的股东求偿,也可以要求其他股东分担。

3. 公司设立不成时费用的承担

出资协议中还应当对公司未能设立的责任进行约定,按照对外对内的责任进行区分。

对外——公司设立不能,股东应对外承担连带责任;

对内——对设立行为所产生的债务和费用在股东内部如何分担。

此外,还有由于股东个人的过失原因造成公司不能设立、致使其他股东利益受到损害的责任。

（三）关于出资的若干法律问题

在出资过程中，企业需注意以下法律问题：

1. 以“知识产权”出资

随着当前社会经济的高速发展，越来越多的互联网创新企业如雨后春笋般涌现于市场环境中，由此衍生出许多诸如“专利出资”“技术出资”等专有名词。就法律依据而言，这并不为法律所禁止，我国《公司法》《合伙企业法》都规定了知识产权可以作价出资，那么知识产权要以何种方式出资呢？

对此，《公司法》第 27 条第 1 款规定：“……知识产权、土地使用权等可以用货币估价并可以依法转让的非货币财产作价出资……”

但知识产权出资与货币出资相比，仍然存在一些法律障碍上的差异，需要关注其中的法律风险，要警惕出资不实等法律风险。根据我国《公司法》规定，出资不实的出资人应在出资不实范围内补足出资，其他股东承担连带责任。出资不实会导致企业的资产虚高，阻碍企业后续融资上市等情况。为了尽量避免出资不实的情况发生，在出资的专利和技术秘密权利范围确定后，需要对该权利进行彻底的权利瑕疵以及权利负担调查，通过国家知识产权局网站对相关权利情况进行查询；同时，在另行签订技术出资协议或者专利、技术秘密转让协议时，必须在合同中有明确的兜底性条款，约定如果存在质押、实施许可等情形，均属于出资方违约行为，出资方应该承担用现金补足出资的责任。

2. 以实物出资

实物出资是除货币出资以外最为常见的出资方式。采用实物出资的,需要注意履行必要程序。

实物出资的完成需要按两步骤履行。首先,需对实物进行评估作价。我国《公司法》第27条第2款规定:"对作为出资的非货币财产应当评估作价,核实财产,不得高估或者低估作价……"对于公司而言,应当聘请专业的资产评估机构对非货币财产进行评估核实,确保实物价值。

其次,需要办理产权转移。出资股东应当在约定的出资日期将实物的产权转移至公司名下;如果实物的产权转移需要办理产权变更登记的,该股东应对该出资的实物在法定登记部门办理产权变更登记手续,且自变更登记之日起,该股东的实物出资义务始完成。例如,以不动产出资的,需要在不动产所在地的不动产登记部门进行不动产产权的变更登记。

3. 股东抽逃出资

抽逃出资,是指在公司设立后,股东将所缴出资撤回,却仍保留股东身份和原有出资数额的一种欺诈性违法行为。股东完成出资以后,该资产属于公司本身,股东不能撤回出资,只能通过股权转让的方式收回自己的出资,而不能直接撤回自己的资本,这是公司制度的基本原则。股东抽逃出资的行为构成侵犯公司的财产权或所有权。

股东抽逃出资的表现形式主要有以下几种:

①股东通过其控制的其他民事主体与公司之间的关联交易,增加交易成本,变相获得公司财产或伪造虚假的基础交易

关系。如通过公司与股东间的买卖关系，公司将股东注册资金的一部分划归股东个人所有。

②对注册资金的非货币部分，如建筑物、厂房、机器设备、工业产权、专有技术、场地使用权等，在验资完毕后，将其部分或全部抽走。

③违反《公司法》第166条规定，未提取法定公积金和法定公益金或者制作虚假财务会计报表虚增利润，在短期内以分配利润名义提走出资。

④抽走货币出资，以其他未经审计评估且实际价值明显低于其申报价值的非货币部分补账，以达到抽逃出资的目的。

⑤公司回购股东的股权但未办理减资手续。

⑥通过对股东提供抵押担保而变相抽回出资等。

⑦股东通过虚假诉讼形式，抽逃公司资产。

⑧股东以公司名义向董事、监事、高级管理人员等提供借款而不索还等形式，抽逃公司资产。

⑨脱壳经营，即股东利用公司外壳进行脱壳经营——当公司经营陷入困境后，股东将原公司的主要人、物、财从公司脱离出来另外组成一个新公司，并将原公司的主要业务转入新公司，原公司完全成为一个“空壳”，新公司完全不承担原公司行为产生的责任，却实际上利用原公司的资产在运作。脱壳经营损害合法债权人利益的，债权人可以直接要求股东承担相应的法律责任。

抽逃出资的股东需承担法律后果。其不仅需要承担赔偿的民事责任，更可能被公司登记机关施以行政处罚，严重的可能触犯虚假出资罪和抽逃出资罪，承担相应的刑事责任。

第四节　企业治理1.0

(一)公司章程制定1.0

1. 公司章程的意义和特征

公司章程,是公司依法制定的,规定公司名称、住所、经营范围、经营管理制度等重大事项的基本文件,也是公司必备的规定公司组织及活动基本规则的书面文件。公司章程是股东共同一致的意思表示,载明了公司组织和活动的基本准则,是公司的宪章。公司章程具有法定性、真实性、自治性和公开性的基本特征。公司章程与《公司法》一样,共同肩负调整公司活动的责任。作为公司组织与行为的基本准则,公司章程对公司的成立及运营具有十分重要的意义,它既是公司成立的基础,也是公司赖以生存的灵魂。

公司章程具有以下四个特征:

(1)法定性。法定性主要强调公司章程的法律地位、主要内容及修改程序、效力都由法律强制规定,任何公司都不得违反。公司章程是公司设立的必备条件之一,无论是设立有限责任公司还是设立股份有限公司,都必须由全体股东或发起人订立公司章程,并且必须在公司设立登记时提交公司登记机关进行登记。

(2)真实性。真实性主要强调公司章程记载的内容必须是客观存在的、与实际相符的事实。

(3)自治性。自治性主要体现在:其一,公司章程作为一种行为规范,不是由国家而是由公司依法自行制订的,是公司股东意思表示一致的结果;其二,公司章程是一种法律以外的行为规范,由公司自己来执行,无需国家强制力来保证实施;其三,公司章程作为公司内部规章,其效力仅及于公司和相关当事人,而不具有普遍的约束力。

(4)公开性。公开性主要对股份有限公司而言。

制订公司章程不仅是公司活动本身的需要,也是市场经济健康发展的需要。公司章程与《公司法》一样,共同肩负调整公司活动的责任。这就要求,公司的股东和发起人在制订公司章程时,必须考虑周全,规定得明确详细,尽量避免产生歧义与不同理解。公司登记机关必须严格把关,使公司章程做到规范化,从国家管理的角度,对公司的设立进行监督和保证公司设立以后能够正常运行。

2. 公司章程范本

______________有限公司章程

依据《中华人民共和国公司法》(以下简称《公司法》)及其他有关法律、行政法规的规定,由______、______和______共同出资设立__________有限公司(以下简称"公司"),经全体股东讨论,并共同制订本章程。

第一章　公司的名称和住所

第一条　公司名称:__________________________公司

第二条 公司住所:________________________________

第二章 公司经营范围

第三条 公司经营范围:____________________________

____。

【企业经营涉及行政许可的,凭许可证件经营】

公司经营范围中属于法律、行政法规或者国务院决定规定在登记前须经批准的项目的,应当在申请登记前报经国家有关部门批准。

第三章 公司注册资本

第四条 公司注册资本:人民币________万元

第四章 股东的姓名或者名称、出资方式、出资额和出资时间

第五条 股东的姓名或者名称、出资方式、出资额和出资时间如下:

股东的姓名或者名称	出资额	出资方式	出资时间

第六条 公司成立后,应向股东签发出资证明书并置备股东名册。

第五章 公司的机构及其产生办法、职权、议事规则

第七条 公司股东会由全体股东组成,是公司的权力机构,行使下列职权:

（一）决定公司的经营方针和投资计划；

（二）选举和更换非由职工代表担任的董事、监事，决定有关董事、监事的报酬事项；

（三）审议批准董事会的报告；

（四）审议批准监事会的报告；

（五）审议批准公司的年度财务预算方案、决算方案；

（六）审议批准公司的利润分配方案和弥补亏损方案；

（七）对公司增加或者减少注册资本作出决议；

（八）对发行公司债券作出决议；

（九）对公司合并、分立、解散、清算或者变更公司形式作出决议；

（十）修改公司章程；

（十一）为公司股东或者实际控制人提供担保作出决议。

……（*注：可以约定其他不违反公司法的职责*）

对前款所列事项，股东以书面形式一致表示同意的，可以不召开股东会会议，直接作出决定，并由全体股东在决定文件上签名、盖章（自然人股东签名、法人股东盖章）。

第八条　首次股东会会议由出资最多的股东召集和主持，依照公司法规定行使职权。

第九条　股东会会议分为定期会议和临时会议，并应当于会议召开十五日（*注：可由股东自行约定*）以前通知全体股东。定期会议每____召开一次（*注：会议召开时间可由股东自行约定*）。代表十分之一以上表决权的股东，三分之一以上的董事，监事会提议召开临时会议的，应当召开临时会议。

第十条 股东会会议由董事会召集,董事长主持;董事长不能履行职务或者不履行职务的,由副董事长主持;副董事长不能履行职务或者不履行职务的,由半数以上董事共同推举一名董事主持。

董事会不能履行或者不履行召集股东会会议职责的,由监事会召集和主持;监事会不召集和主持的,代表十分之一以上表决权的股东可以自行召集和主持。

第十一条 股东会应当对所议事项的决定作出会议记录,出席会议的股东应当在会议记录上签名。

股东会会议由股东按照出资比例(*注:可由股东自行约定*)行使表决权。

股东会会议作出修改公司章程、增加或者减少注册资本的决议,以及公司合并、分立、解散或者变更公司形式的决议,必须经代表全体股东三分之二以上表决权的股东通过。

股东会会议作出除前款以外事项的决议,须经代表全体股东二分之一(*注:可由股东自行约定*)以上表决权的股东通过。

第十二条 股东不能出席股东会会议的,可以书面委托他人参加,由被委托人依法行使委托书中载明的权力。

第十三条 公司向其他企业投资或者为他人提供担保,由______(*注:此处填写董事会或者股东会*)作出决定。(*此处还可以约定对投资或者担保的总额及单项投资或者担保的数额的限额*)

其中为公司股东或者实际控制人提供担保的,必须经股东会决议。该项表决由出席会议的其他股东所持表决权的过半数通过,该股东或者实际控制人支配的股东不得参加。

第十四条 公司设董事会,其成员为____人(注:三至十三人),任期三年(注:可约定,不超过三年)。董事任期届满,可以连任。

董事任期届满未及时改选,或者董事在任期内辞职导致董事会成员低于法定人数的,在改选出的董事就任前,原董事仍应当依照法律、行政法规和公司章程的规定,履行董事职务。

董事会设董事长一人,董事长由____________(注:股东可以约定产生方式,如董事会选举、股东会选举、股东委派等)。

第十五条 董事会对股东会负责,行使下列职权:

(一)召集股东会会议,并向股东会报告工作;

(二)执行股东会的决议;

(三)决定公司的经营计划和投资方案;

(四)制订公司的年度财务预算方案、决算方案;

(五)制订公司的利润分配方案和弥补亏损方案;

(六)制订公司增加或者减少注册资本以及发行公司债券的方案;

(七)制订公司合并、分立、解散或者变更公司形式的方案;

(八)决定公司内部管理机构的设置;

(九)决定聘任或者解聘公司经理及其报酬事项,并根据经理的提名决定聘任或者解聘副经理、财务负责人及其报酬事项;

(十)制定公司的基本管理制度。

……(注:可以约定其他不违反公司法的职责)

第十六条 董事会会议由董事长召集和主持;董事长不能履行职务或者不履行职务的,由副董事长召集和主持;副董事长不能履行职务或者不履行职务的,由半数以上董事共同推举一名董事召集和主持。

第十七条 董事会会议须由过半数董事(*注:具体比例可约定*)出席方可举行。董事如不能出席董事会会议的,可以书面委托其他董事代为出席,由被委托人依法行使委托书中载明的权力。

第十八条 董事会对所议事项作出的决定由全体董事人数二分之一以上(*注:可由股东自行约定*)的董事表决通过方为有效,并应记入会议记录,出席会议的董事应当在会议记录上签名。

董事会决议的表决,实行一人一票。

第十九条 公司股东会、董事会的决议内容违反法律、行政法规的无效。

股东会、董事会的会议召集程序、表决方式违反法律、行政法规或者公司章程,或者决议内容违反公司章程的,股东可以自决议作出之日起六十日内,请求人民法院撤销。

公司根据股东会、董事会决议已办理变更登记的,人民法院宣告该决议无效或者撤销该决议后,公司应当向公司登记机关申请撤销变更登记。

第二十条 公司设经理一名,由董事会决定聘任或者解聘。经理每届任期为____年,任期届满,可以连任。经理对董事会负责,行使下列职权:

（一）主持公司的生产经营管理工作，组织实施董事会决议；

（二）组织实施公司年度经营计划和投资方案；

（三）拟订公司内部管理机构设置方案；

（四）拟订公司的基本管理制度；

（五）制定公司的具体规章；

（六）提请聘任或者解聘公司副经理、财务负责人；

（七）决定聘任或者解聘除应由董事会决定聘任或者解聘以外的负责管理人员；

（八）董事会授予的其他职权。

（注：股东对于上述八项职权可另行约定）

经理列席董事会会议。

（注：经理非公司必备机构，不设经理的此条不写入章程）

第二十一条　公司设监事会，其成员为____人（注：三人以上），监事任期每届三年，任期届满，可以连任。

监事会中有职工代表____人（*注：股东约定，比例不得低于三分之一*），由公司职工通过职工代表大会、职工大会或者其他形式民主选举产生。

监事任期届满未及时改选，或者监事在任期内辞职导致监事会成员低于法定人数的，在改选出的监事就任前，原监事仍应当依照法律、行政法规和公司章程的规定，履行监事职务。

监事会设主席一人，由全体监事过半数选举产生。监事会会议由监事会主席召集和主持；监事会主席不能履行职务或者不履行职务的，由半数以上监事共同推举一名监事召集和主持监事会会议。

董事、高级管理人员不得兼任监事。

第二十二条 监事会行使下列职权:

(一)检查公司财务;

(二)对董事、高级管理人员执行公司职务的行为进行监督,对违反法律、行政法规、公司章程或者股东会决议的董事、高级管理人员提出罢免的建议;

(三)当董事、高级管理人员的行为损害公司的利益时,要求董事、高级管理人员予以纠正;

(四)提议召开临时股东会会议,在董事会不履行公司法规定的召集和主持股东会会议职责时召集和主持股东会会议;

(五)向股东会会议提出草案;

(六)依法对董事、高级管理人员提起诉讼。

……(*注:可以约定其他不违反公司法的职责*)

第二十三条 监事可以列席董事会会议,并对董事会决议事项提出质询或者建议。监事发现公司经营情况异常,可以进行调查;必要时,可以聘请会计师事务所等协助其工作,费用由公司承担。

第二十四条 监事会每年度至少召开一次会议,监事可以提议召开临时监事会会议。

监事会决议的表决,实行一人一票。监事会决议应当经半数以上监事通过,监事会应当对所议事项的决定作成会议记录,出席会议的监事应当在会议记录上签名。

第二十五条 监事会行使职权所必需的费用,由公司承担。

第六章　公司的法定代表人

第二十六条　公司的法定代表人由____担任(注:由董事长或经理担任)。

第七章　股权转让

第二十七条　股东之间可以相互转让其全部或者部分股权。

股东向股东以外的人转让股权,应当经其他股东过半数同意。股东应就其股权转让事项书面通知其他股东征求同意,其他股东自接到书面通知之日起满三十日未答复的,视为同意转让。其他股东半数以上不同意转让的,不同意的股东应当购买该转让的股权;不购买的,视为同意转让。

经股东同意转让的股权,在同等条件下,其他股东有优先购买权。两个以上股东主张行使优先购买权的,协商确定各自的购买比例;协商不成的,按照转让时各自的出资比例行使优先购买权。(注:此条内容股东可另作约定)

第二十八条　转让股权后,公司应当注销原股东的出资证明书,向新股东签发出资证明书,并相应修改公司章程和股东名册中有关股东及其出资额的记载。对公司章程的该项修改不需再由股东会表决。

第二十九条　有下列情形之一的,对股东会该项决议投反对票的股东可以请求公司按照合理的价格收购其股权:

(一)公司连续五年不向股东分配利润,而公司该五年连续盈利,并且符合公司法规定的分配利润条件的;

(二)公司合并、分立、转让主要财产的;

(三)公司章程规定的营业期限届满或者章程规定的其他解散事由出现,股东会会议通过决议修改章程使公司存续的。

自股东会会议决议通过之日起六十日内,股东与公司不能达成股权收购协议的,股东可以自股东会会议决议通过之日起九十日内向人民法院提起诉讼。

第三十条 自然人股东死亡后,其合法继承人可以(*注:股东可约定*)继承股东资格。

第八章 财务、会计、利润分配及劳动用工制度

第三十一条 公司应当依照法律、行政法规和国务院财政主管部门的规定建立本公司的财务、会计制度,并应在每个会计年度终了时制作财务会计报告,委托国家承认的会计师事务所审计并出具书面报告。

第三十二条 公司利润分配按照公司法及有关法律、法规,国务院财政主管部门的规定执行。股东按照实缴的出资比例(*注:股东可约定*)分取红利。

第三十三条 公司聘用、解聘承办公司审计业务的会计师事务所由____(*注:选填股东会或董事会*)决定。

第三十四条 劳动用工制度按国家法律、法规及国务院劳动部门的有关规定执行。

第九章 公司的解散事由与清算办法

第三十五条 公司的营业期限为____年,从《企业法人营业执照》签发之日起计算。

第三十六条 公司有下列情形之一,可以解散:

(一)公司营业期限届满;

（二）股东会决议解散；

（三）因公司合并或者分立需要解散；

（四）依法被吊销营业执照、责令关闭或者被撤销；

（五）人民法院依照公司法的规定予以解散。

公司营业期限届满时，可以通过修改公司章程使公司存续。

第三十七条 公司经营管理发生严重困难，继续存续会使股东利益受到重大损失，通过其他途径不能解决的，持有公司全部股东表决权百分之十以上的股东，可以请求人民法院解散公司。

第三十八条 公司因本章程第三十六条第一款第（一）项、第（二）项、第（四）项、第（五）项规定解散时，应当在解散事由出现之日起十五日内成立清算组，对公司进行清算。清算组应当自成立之日起十日内向登记机关申请清算组成员及负责人备案、通知债权人，并于六十日内在报纸公告。清算结束后，清算组应当制作清算报告，报股东会或者人民法院确认，并报送公司登记机关，申请注销公司登记，公告公司终止。

第三十九条 清算组由股东组成，具体成员由股东会决议产生。

第十章 董事、监事、高级管理人员的义务

第四十条 高级管理人员是指本公司的经理、副经理、财务负责人。

第四十一条 董事、监事、高级管理人员应当遵守法律、行政法规和公司章程，对公司负有忠实义务和勤勉义务，不得利用职权收受贿赂或者其他非法收入，不得侵占公司的财产。

第四十二条 董事、高级管理人员不得有下列行为：

(一)挪用公司资金；

(二)将公司资金以其个人名义或者以其他个人名义开立账户存储；

(三)未经股东会同意,将公司资金借贷给他人或者以公司财产为他人提供担保；

(四)未经股东会同意,与本公司订立合同或者进行交易；

(五)未经股东会同意,利用职务便利为自己或者他人谋取属于公司的商业机会,自营或者为他人经营与所任职公司同类的业务；

(六)接受他人与公司交易的佣金归为己有；

(七)擅自披露公司秘密；

(八)违反对公司忠实义务的其他行为。

第四十三条 董事、监事、高级管理人员执行公司职务时违反法律、行政法规或者公司章程的规定,给公司造成损失的,应当承担赔偿责任。

第十一章 股东会认为需要规定的其他事项

第四十四条 本章程中的各项条款与法律、法规、规章不符的,以法律、法规、规章的规定为准。

第四十五条 公司登记事项以公司登记机关核定的为准。公司根据需要修改公司章程而未涉及变更登记事项的,公司应将修改后的公司章程送公司登记机关备案;涉及变更登记事项的,同时应向公司登记机关作变更登记。

第四十六条 本章程自全体股东签字、盖章之日起生效。

第四十七条　本章程一式____份，公司留存____份，并报公司登记机关备案一份。

全体股东签字（法人股东盖章）：

年　月　日

注：本章程中股东自行约定的事项不得违反有关法律、行政法规的规定。

（二）企业股权结构设计 1.0

1. 股权结构的重要性

股权结构对一个企业来说是很重要的，它对企业的类型、发展以及企业组成结构的形成都具有重大意义。企业实际上是一个灵活的、动态的、具有弹性的经营组织，所以当社会环境和企业掌握的技术或者资源发生变化时，企业股权结构也会发生相应的变化。

股权结构，指的是在公司的总股本中，不同团体及不同性质的股份所占的股权比例，以及不同性质的团体及不同性质的股份间相互的关系。股权是股东基于其股东资格而享有的，从公司获得经济利益，并参与公司经营管理的权利。股权结构是一个公司成立及治理的基础，公司治理结构是股权结构的具体运行形式，其本质就是股权所有人对公司享有治理的权利。不同的股权结构决定了不同企业的组织结构，也就是决定了企业的治理结构,最终构成了企业的定性、行为以及绩效。

2. 股权结构的设计要素

股权分配比例是股权结构设计的基础,这也是导致许多创业团队最终分崩离析的重要原因。笔者认为,每位股东的股权比例应取决于四个因素:发起人身份、出资额、岗位贡献、资源贡献。

(1)发起人身份股。是指基于发起人身份所应获得的比例额度,这部分应是均分的。各个发起人一起创业,应无论职务、出资,一律平均获得该配额的股权分配。这部分比例,一般为10%左右。

(2)出资股。是指现金出资以及渠道资源等能评估作价、能获得的股权。对于这部分股权比例的额度,各发起人应按照实际出资比例分配。一般来说,该部分所占的股权比例应不超过20%。

(3)岗位贡献股。是指基于发起人所在岗位能给创业公司带来的预期业绩贡献所分配的股权。能够获取这部分股权的,一般应要求必须是全职创业的发起人。该部分比例一般为45%。根据发起人职位和公司业务导向,确定各自比例,可在均分原则上进行浮动调整。

(4)资源贡献股。是指基于发起人为创业公司所带来的特定商业资源所分配的股权。这部分资源提供者也可能会占有一部分资源股,但这需要考量其资源价值的可持续性,如果仅是短期或一次性资源却授予其很高的股权比例,则不利于股权结构的设计。

上述分配框架,能够更加体现人才、企业家精神的重要性,同时考虑早期发起人自有资本投入的情况,从而能够避免出现传统模式下谁出资比例高,谁获得的股权比例就高的弊端。

综上,对于种子期的公司而言,需要根据自身的实际情况,合理设计适合的股权结构。这样一方面有助于创业公司的稳定,另一方面也有助于外部投资人的进入,为公司后续融资奠定良好的基础。

第五节 企业劳动用工制度

(一)劳动合同与员工手册

21 世纪什么最贵? 人才。这句话并非无稽之谈。在现代企业经营过程中,人力资源往往是企业是否具备核心竞争力的关键。对于企业主而言,如何加强与员工之间的黏性,如何培养员工的价值认同感,如何将员工利益与公司利益紧紧联系在一起,都是需要深思熟虑的。在公司与员工的关系中,双方的劳动合同以及公司制定的员工手册就是双方间最紧密的纽带,也是员工必须遵守的准则和规范。

1. 劳动合同

劳动合同作为一种特殊的合同类型,一方面,其需遵循合同意思自治的根本原则;另一方面,其必须符合《劳动法》和《劳动合同法》的相关规定,约束公司与员工之间的权利义务、平衡。

(1)劳动合同中的必备条款

劳动合同中的必备条款,指的是一份合法有效的劳动合同中必须载明的条款。如果劳动合同中的必备条款不完善,将会导致合同的不能成立,这无疑会给企业造成巨大的损失。根据《劳动合同法》的规定,劳动合同应当具备以下条款:

①用人单位的名称、住所和法定代表人或者主要负责人。

②劳动者的姓名、住址和居民身份证或者其他有效身份证件号码。

③劳动合同期限。一般来说,企业在与劳动者签订劳动合同时,都应该在劳动合同中明确规定劳动期限。如果没有明确期限,则应视为无固定期限的劳动合同。企业对此需谨慎适用,因为无固定期限的劳动合同意味着,如果企业没有相应的法定事由,不得单方面解除劳动合同。

④工作内容和工作地点。企业在与劳动者签订劳动合同时,应将工作内容体现在劳动合同中,包括招聘的具体岗位,劳动者负责的具体工作内容,以及具体的工作地点。工作地点在劳动关系中十分重要,劳动合同中必须规定工作地点并且企业不能擅自变更劳动合同中已经约定的工作地点。未经劳动者同意变更工作地点的,企业需要承担相应法律责任。

⑤工作时间和休息休假。企业在劳动合同中必须明确工作时间,其中全日制岗位不得超出法律规定的每天 8 小时,每周 40 小时的规定。对于休假(包括年假、病假、产假、婚假等)的规定,在合同中也要明确载明,并且需要及时关注相关法律法规的更新,避免违反上位法的规定。

⑥劳动报酬。劳动报酬一般是每个劳动者最为关心的核心部分,企业应当将之前与劳动者约定好的劳动报酬在劳动合同

中予以明确，并明确奖金、福利等发放的形式。

⑦“五险一金”。根据国家规定，用人单位必须为员工缴纳社会保险，包括基本养老保险、基本医疗保险、工伤保险、失业保险、生育保险。此外，用人单位还应为员工缴纳住房公积金。以上均为法律的强制性规定，用人单位不得以其他方式规避缴纳义务。

⑧劳动保护、劳动条件和职业危害防护。通常而言，劳动保护在普通工作中显得并不重要，因此大多数企业会忽略此类条款。但是对于有些特殊行业，比如有毒有害、高温高压的行业，以及机械类的、海上作业、航空等比较危险的职业，此类条款则尤为重要。为了保护劳动者，国家将其规定为劳动合同中的必备条款。

⑨法律、法规规定应当纳入劳动合同的其他事项。这就是我们经常所说的兜底条款，即国家对在具体实施劳动法过程中出现的新问题，再具体制订新的规定。

(2)劳动合同中的可备条款

在一份完整的劳动合同中，除了其必须载明的必备条款之外，企业还可以在劳动合同上载明与劳动者约定的某些条款。这些条款往往是劳动者较为关心的事项，但是这些约定条款的缺失，并不影响劳动合同的成立，所以我们将这些条款称为劳动合同中的“可备条款”。虽然可备条款代表双方真实的意思表示，遵从意思自治原则，但是国家对与约定条款相关的内容有强制性、禁止性规定的，当事人仍然应当遵守，不得违反法律、法规的规定。

劳动合同中可以约定的可备条款主要有:

①试用期条款

双方可以约定一定期限的试用期,但法律对期限的长短有一定的限制。根据《劳动合同法》规定:劳动合同期限3个月以上不满1年的,试用期不得超过1个月;劳动合同期限1年以上不满3年的,试用期不得超过2个月;3年以上固定期限和无固定期限的劳动合同,试用期不得超过6个月。同一用人单位与同一劳动者只能约定一次试用期。以完成一定工作任务为期限的劳动合同或者劳动合同期限不满3个月的,不得约定试用期。试用期包含在劳动合同期限内。劳动合同仅约定试用期的,试用期不成立,该期限为劳动合同期限。劳动者在试用期的工资不得低于本单位相同岗位最低档工资或者劳动合同约定工资的80%,并不得低于用人单位所在地的最低工资标准。

②服务期条款

用人单位为劳动者提供专项培训费用,对其进行专业技术培训的,可以与该劳动者订立协议,约定服务期。劳动者违反服务期约定的,应当按照约定向用人单位支付违约金。但应当注意的是,用人单位要求劳动者支付的违约金不得超过服务期尚未履行部分所应分摊的培训费用。

③保守商业秘密条款与竞业限制条款

保密条款适用于全体员工,且用人单位无需支付补偿金。劳动者因违反约定保密事项给用人单位造成损失的,应当承担赔偿责任。

竞业限制条款,主要是企业对其高级管理人员、高级技术人员和其他负有保密义务的人员，约定在解除劳动合同之后一定时间内，禁止到与本单位生产或者经营同类产品、从事同类业务的有竞争关系的其他用人单位就业，或者自己开业生产、经营同类产品，从事同类业务。企业必须对员工的竞业限制行为做出经济补偿，竞业限制条款中必须同时写明补偿金的数额和发放办法。

竞业限制条款不同于保密条款，其一般限于用人单位的高级管理人员、高级技术人员和其他负有保密义务的人员，且要给付劳动者竞业限制补偿。竞业限制条款约定的限制时间最长不得超过2年。

2. 员工手册

如果说劳动合同是用人单位与劳动者之间权利义务的总和，那么员工手册就相当于企业的“宪法”，包含了人力资源管理的方方面面。现今，越来越多企业发现，只凭劳动合同的一纸文书，并不能起到约束员工各方面行为规范的作用。通过员工手册的制定，一方面可以加强员工的责任感，另一方面更能对员工的日常工作行为起到指引作用。

(1)员工手册的组成部分

一般而言，员工手册应当包含以下方面：

①董事长致辞。要达到的目的是激发员工学习员工手册的兴趣。包括：欢迎词、员工可以收获什么、祝福和希望、签名。

②公司介绍部分。目的是希望员工能尽快了解自己即将加入的企业，使其快速融入。具体内容包括：企业发展历程、企业文化、价值观、战略目标、公司业务、组织架构等。

③员工管理制度。这部分内容是重点,包含的内容也很多,主要包括:聘用原则、工作时间、薪资福利、休假、培训发展、考勤加班、奖惩原则等。这些内容都是和员工联系很紧密的,也是员工比较关心的内容,需要说明清楚,并且需要与劳动合同中规定的内容相一致。清楚明了地介绍这些规定,以使员工能够更快地适应环境,投入到工作中去。

④行为规范部分。是企业对员工日常行为的基本要求,是一个企业整体精神面貌的体现。这部分内容包括:日常的行为规范、工作中的规范、对外交往中的规范等。在制定这部分内容时,要考虑所属行业,不同行业的行为要求偏重是不同的,比如,服务行业的要求就比制造行业要求的内容更多、更全面。但无论是何种行业,都需要注重对外交往、重视内部工作规范。

⑤附则。附则部分比较简单,相当于是结尾,主要是针对一些条款的补充说明,或者版本说明,以及对本手册解释权、修订做出说明等。但需要强调一点的是,很多企业忽视了员工的签收确认。员工签收是保障员工手册及时落实的一个重要措施,也是企业将该员工手册告知员工的重要证明。因此,建议在员工手册的末尾制定一个员工签收表,便于员工对权利义务的知晓与确认。

(2)员工手册需注意的法律风险

①内容是否合法

《劳动合同法》第4条第1款规定:“用人单位应当依法建立和完善劳动规章制度,保障劳动者享有劳动权利、履行劳动义务。”制订员工手册时必须对相关条款充分考虑，必要时可交给专业的律师或法律顾问审核。并且，需要保证相关条款符合国家法律的最新规定，做到及时更新。

②程序是否合法

《劳动合同法》第4条第2款规定：“用人单位在制定、修改或者决定有关劳动报酬、工作时间、休息休假、劳动安全卫生、保险福利、职工培训、劳动纪律以及劳动定额管理等直接涉及劳动者切身利益的规章制度或者重大事项时，应当经职工代表大会或者全体职工讨论，提出方案和意见，与工会或者职工代表平等协商确定。”在制订员工手册的过程中，需要履行必要的决策程序，留存相关的记录，以备查验。

③发布途径是否合法

《劳动合同法》第4条第4款规定：“用人单位应当将直接涉及劳动者切身利益的规章制度和重大事项决定公示，或者告知劳动者。”这一点，很多中小企业没有做到位，经常会出现员工受到处罚时，称不知道公司有相关的规定，导致员工手册该有的作用失效。发生这种情况的原因就是企业没有及时有效地通知到员工，无法提供已告知员工的证据。这在劳动纠纷中，经常会导致企业的败诉。所以，除了公示、会议传达等方式外，还要员工书面签收，并保存好相关记录。

（二）保密协议与竞业限制协议

随着如今互联网创新型企业的日益增多，商业秘密往往是企业经营中十分核心的内容。为了保证企业的知识财产不流失,企业往往会在劳动合同以及员工手册中约定保密条款,甚至单独与员工签订保密协议或竞业限制协议。在此,有必要先分清两者的区别。

1. 保密协议与竞业限制协议及其区别

保密协议,是指用人单位针对知悉企业商业秘密的劳动者签订的、要求劳动者保守用人单位商业秘密的协议。保密协议应当以书面形式签订,一般应具备以下主要条款:①保密的内容和范围;②保密协议双方的权利和义务;③保密协议的期限;④违约责任。在保密协议有效期限内,劳动者应严格遵守本企业保密制度,不得向他人泄露并尽力防止泄露企业技术秘密;非经用人单位书面同意,不得使用该商业秘密进行生产与经营活动,不得利用商业秘密进行新的研究和开发。

竞业限制协议,是指用人单位与劳动者约定,在解除或者终止劳动合同后一定期限内,劳动者不得到与本单位生产或者经营同类产品、从事同类业务的有竞争关系的其他用人单位任职,或者自己开业生产、经营同类产品的书面协议。竞业限制是保密的手段,通过订立竞业限制协议,可以降低商业秘密被泄露的概率。保密是竞业限制的目的,订立竞业限制协议最终的目的是保护用人单位的合法权益。

保密协议和竞业限制协议有如下区别:

①保密义务是法定义务,竞业限制是约定义务。不管用人单位与劳动者是否签订保密协议,劳动者均有义务保守商业秘密。而竞业限制是基于用人单位与劳动者的约定产生,没有约定的,劳动者无须承担竞业限制义务。

②保密义务要求保密者不得泄露商业秘密，侧重在不能“说”。竞业限制义务要求劳动者不能到竞争单位任职或自营竞争业务，侧重的是不能“做”。

③保密义务要求劳动者承担的义务仅限于保密，并不限制劳动者的就业权。而竞业限制义务不仅禁止劳动者泄密，还限制劳动者的就业，劳动者的义务负担更重。

④保密义务一般期限较长，只要商业秘密存在，劳动者的保密义务就存在。而竞业限制期限较短，最长不超过2年。

⑤保密义务一般是针对公司的全体劳动者。而竞业限制一般仅针对公司的高级管理人员、高级技术人员和其他负有保密义务的人员，并且需要向上述劳动者支付经济补偿。

2. 相关案例

(1)案情概述：2011年4月1日，原告A公司与被告蒋某签订劳动合同及附件“职务发明及信息保密协议书”，协议书载明：“本协议书是关于与本人受聘于公司有关的本人所获得的或完成的任何技术秘密、商业秘密、不为一般公众所知的技术秘诀等（以下简称保密信息）。保密信息包括但不限于公司的组织机构、员工聘用、财务金融等方面的信息，以及公司从其他方所获得的、承担有保密义务的信息。本人同意：①仅将此类信息用于完成公司所分派的工作上；②对此类信息保密，并且③无论是在公司聘用期内还是聘用期结束后，均将采取所有合理的预防措施，以保证此类信息既不会透露给未经授权的人，也不会被擅自使用。”另外，劳动合同亦载明：乙方（蒋某）违反本合同约定的条件解除本合同或违反本合同和职务发明及信息保密协议书约定的保守商业秘密事项,对甲方(A公司)造成经济损失的,应按损失的程度依法承担赔偿责任。

2012年9月26日,蒋某提出辞职并入职案外人B公司。

2013年9月24日,原告A公司向劳动人事争议仲裁委员会申请仲裁,要求确认蒋某违反合同约定的保密义务,赔偿因其违约行为造成的损失30万元。仲裁委对A公司的请求不予支持,A公司对此不服,诉至人民法院,以蒋某泄露保密信息和严重违反劳动合同的行为,导致A公司的商业信誉、商品声誉和经济利益受到损害为由,请求判令蒋某违反劳动合同约定的保密义务,赔偿A公司经济损失30万元。

被告蒋某辩称,其从原告处离职至今,从未向包括B公司在内的第三方泄露过保密信息,不同意原告诉请。

(2)评述:本案的争议焦点在于离职后是否仍需承担保密义务。二审法院认为,保密协议与竞业限制协议存在本质差别,劳动者基于忠诚义务,无论是否签订保密协议以及竞业限制协议,均有保守用人单位商业秘密的义务,何况所签保密协议约定保密期限包含聘用期结束后。

笔者认为,保密协议与竞业限制协议均属于用人单位为保护其商业秘密,维护市场竞争中的合理地位所采取的措施,但两者在产生方式、保密途径、费用支付、适用范围、义务期限等诸多方面存在本质差别。

对于企业而言,在对员工具体适用保密协议还是竞业限制协议的选择中,应注意区别员工的工作岗位及工作内容。保密协议适用于全体员工,是基于员工忠诚性而产生的根本性义务，在商业秘密未公开期限内员工均负有保密义务，且用人单位无须支付补偿金；而竞业限制协议主要适用于高级管理人员、高级技术人员和其他负有保密义务的人员，约定其在解除劳动合同之后一定时间内禁止与本企业发生同类竞争的情形，同时企业必须对员工的竞业限制行为做出经济补偿，且竞业限制条款约定的限制时间最长不得超过2年。

综上，企业在选择适用时应根据劳动者的实际情况选择签订不同的协议，尽量避免日后纠纷的产生。

第六节 企业知识产权保护1.0

（一）商标注册及相关法律问题

商标是企业在生产过程中采用的具有显著特征，用于区别于其他商品或者服务的标志。一般可以是文字、图形、字母、数字、声音、颜色或者他们的组合形成。满足一定条件的标志可以作为商标申请注册，注册商标受到法律的保护，也能给企业在许可他人使用时带来一定的收益。

1. 不得注册为商标的标志

根据《商标法》的相关规定，下列标志不得作为商标使用：

①同中华人民共和国的国家名称、国旗、国徽、国歌、军旗、军徽、军歌、勋章等相同或者近似的，以及同中央国家机关的名称、标志、所在地特定地点的名称或者标志性建筑物的名称、图形相同的；

②同外国的国家名称、国旗、国徽、军旗等相同或者近似的,但经该国政府同意的除外;

③同政府间国际组织的名称、旗帜、徽记等相同或者近似的,但经该组织同意或者不易误导公众的除外;

④与表明实施控制、予以保证的官方标志、检验印记相同或者近似的,但经授权的除外;

⑤同"红十字""红新月"的名称、标志相同或者近似的;

⑥带有民族歧视性的;

⑦带有欺骗性,容易使公众对商品的质量等特点或者产地产生误认的;

⑧有害于社会主义道德风尚或者有其他不良影响的。

县级以上行政区划的地名或者公众知晓的外国地名,不得作为商标。但是,地名具有其他含义或者作为集体商标、证明商标组成部分的除外;已经注册的使用地名的商标继续有效。

另外,根据《商标法》的规定,申请商标注册时也应该适当避免下列标志:

①仅有本商品的通用名称、图形、型号的;

②仅直接表示商品的质量、主要原料、功能、用途、重量、数量及其他特点的;

③其他缺乏显著特征的。

上述所列标志经过使用取得显著特征,并便于识别的,可以作为商标注册。

2. 驰名商标的认定

驰名商标不是注册而来，而是应当根据当事人的请求，在发生商标案件纠纷并且需要认定该事实时进行认定。也就是说，只有商标局、商标评审委员会和部分人民法院[①]才能被动认定驰名商标。生产、经营者不得将“驰名商标”字样用于商品、商品包装或者容器上，或者用于广告宣传、展览以及其他商业活动中。所以，我们生活中常常听见的“中国驰名商标×××”都是不符合法律规定的。有关部门认定驰名商标会考虑下列因素：

①相关公众对该商标的知晓程度；

②该商标使用的持续时间；

③该商标的任何宣传工作的持续时间、程度和地理范围；

④该商标作为驰名商标受保护的记录；

⑤该商标驰名的其他因素。

---

① 具体包括：省、自治区人民政府所在地、计划单列市、直辖市辖区中级人民法院和最高人民法院指定的其他中级人民法院。

3. 注册商标的保护

(1)商标注册流程

商标注册流程见下图：

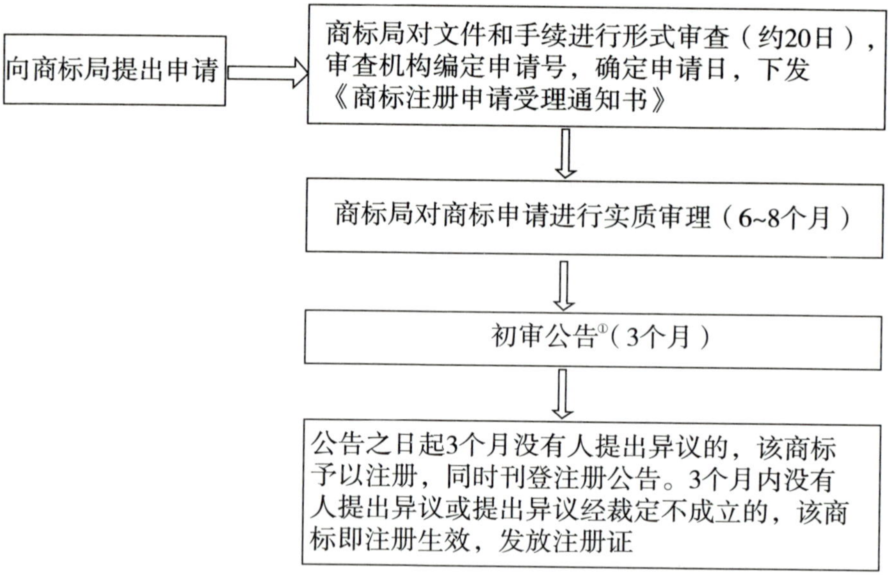

(2)注册商标专用权的保护

有下列行为之一的，均属侵犯注册商标专用权：

①未经商标注册人的许可，在同一种商品上使用与其注册商标相同的商标的。例如，未经许可在方便面上使用“康师傅”的商标。

②未经商标注册人的许可，在同一种商品上使用与其注册商标近似的商标，或者在类似商品上使用与其注册商标相同或者近似的商标，容易导致混淆的。

---

① 商标初审公告，是指商标注册申请经审查后，对符合《商标法》有关规定的，作出允许其注册的决定，并在《商标公告》中予以公告。

③销售侵犯注册商标专用权的商品的。

④伪造、擅自制造他人注册商标标识或者销售伪造、擅自制造的注册商标标识的。

⑤未经商标注册人同意，更换其注册商标并将该更换商标的商品又投入市场的。

⑥故意为侵犯他人商标专用权行为提供便利条件，帮助他人实施侵犯商标专用权行为的。

⑦给他人的注册商标专用权造成其他损害的。

企业在保护自己的商标权时，也要避免上述行为给自己带来的可能纠纷。

4. 相关案例

(1)案例介绍：2009年2月16日，金阿欢向商标局申请注册“非诚勿扰”商标，并于2010年9月7日获得核准，核定服务项目为第45类，包括“交友服务、婚姻介绍所”等。江苏省广播电视总台(以下简称江苏电视台)旗下的江苏卫视于2010年开办了以婚恋交友为主题、名称为“非诚勿扰”的电视节目。深圳市珍爱网信息技术有限公司(以下简称珍爱网)为“非诚勿扰”节目推选相亲对象，提供广告推销服务，并曾在深圳招募嘉宾，报名地点设在深圳市南山区。金阿欢以江苏电视台和珍爱网侵害其注册商标专用权为由，向深圳市南山区法院提起诉讼，请求法院判令江苏卫视频道立即停止使用“非诚勿扰”栏目名称等。一审法院认为，“非诚勿扰”电视节目虽然与婚恋交友有关，但终究是电视节目，相关公众一般认为两者不存在特定联系，不容易造成公众混淆，不构成侵权。深圳市中级人民法院二审认为,从“非诚勿扰”节目简介、开场白、结束语,以及参加报名条件、节目中男女嘉宾互动内容,以及广电总局的发文、媒体评论,可认定其为相亲、交友节目,与金阿欢涉案注册商标所核定的“交友、婚姻介绍”服务相同,构成侵权。广东省高级人民法院再审认为,“非诚勿扰”电视节目与金阿欢注册商标所核准使用的“交友服务、婚姻介绍”在服务目的、内容、方式和对象上均区别明显,以相关公众的一般认知,能够清晰区分电视文娱节目的内容与现实中的婚介服务活动,故两者不构成类似服务。江苏电视台对“非诚勿扰”标识的使用,不构成对金阿欢注册商标权的侵犯。从而撤销二审判决,维持一审判决。

(2)评述:本案涉及电视节目名称与商标的关系问题。由于被诉侵权节目的知名度和广受欢迎,本案也受到了广泛的关注。再审判决对于电视节目名称是否属于商标性使用,如何看待电视节目与内容题材之间的关系、如何判断电视节目的服务类别等问题进行了深入分析。判决认为不能简单、孤立地将电视节目的某种表现形式或某一题材内容从整体节目中割裂开来,而应当综合考察节目的整体和主要特征,把握其行为本质,作出合理认定。判决同时立足于商标法的宗旨,以相关公众混淆、误认的可能性作为是否构成商标侵权的判断标准。再审判决认为对注册商标的保护范围和保护强度,应与注册商标权利人对该商标的显著性和知名度所作出的贡献相符,也体现了知识产权司法保护力度与创新程度相适应的“比例协调”司法政策。

(二)著作权归属及相关法律问题

1. 我国著作权归属的基本规定——著作权属于作者

在一般情况下,创作完成作品的人就是该作品的著作权人,这是最基本的著作权归属原则。用简单公式来表示就是:作者→作品→著作权人。

2. 委托作品的著作权归属

对于委托作品的著作权归属,我国现有的法律中以合同约定为主,以法律规定为辅。

按照我国现有的法律规定,委托作品著作权的归属原则主要有以下三种情况:

(1)委托合同中有约定的,按照约定办理。现实中委托合同中的约定只能有以下四种选择:①著作权归属于委托者;②著作权归属于受托人;③双方共有;④著作权归属于第三人。

(2)委托合同中未作约定或者约定不明确的,著作权属于受托人。这是法律的补充规定。委托合同中没有约定著作权归属的情况比较容易判断,双方也不容易发生争议。合同中约定不明确应当是指在合同中没有清楚地载明著作权归属,被约定的著作权人可以是委托方、受托方及双方之外的第三人。这里的约定不明确,首先体现在双方已经进行了约定,而不是没有约定,只是就约定的具体内容产生了分歧和争议。如果双方所约定的著作权权利人在法律上不存在,则应当属于没有约定;如果双方所约定的著作权权利人出现了被撤销、合并、分立、注销等法律状态,则该约定应当属于约定明确,著作权依据相关法律规定由有权利继受者享有。

(3)著作权属于受托人时,委托人享有一定的权利。我国法律规定,委托作品著作权属于受托人的,委托人在委托合同约定的使用范围内享有使用作品的权利;双方没有约定使用作品范围的,委托人可以在委托创作的特定目的范围内免费使用该作品。当然,委托人的这种使用只能是许可使用中的一般许可使用行为,委托人既不能限制作为著作权人的受托人自己使用,也不能限制受托人再同时许可其他人使用。相反,委托人只能自己使用,而不能再擅自许可他人使用。

3. 职务作品的著作权归属

概括地说,职务作品就是单位工作人员(员工)在完成单位安排的工作中所创作完成的作品。

我国现有的法律中对职务作品的著作权归属规定了两种情况:第一种是著作权只能归属于单位所有;第二种是著作权只能归属于作为自然人的作者所有。应当明确的是,这两种情况都是法律的强制性规定,单位不能以任何理由把法律规定应当属于作者的著作权归为自己所有。在现实中,单位和作者之间可以再通过合同转让的方式对著作权中的经济权利进行转让,从而改变著作权的权利人。

(1)著作权归属于单位的情况。包括以下两种类型:

第一种类型主要是利用单位的物质技术条件进行创作,并由单位承担法律责任的工程设计图、产品设计图、地图、计算机软件等。“物质技术条件”具体指单位为员工完成创作作品专门提供的资金、设备和其他条件,如单位未提供这些条件,著作权则归属个人。

第二种类型是法律法规规定或者合同约定著作权由法人或者其他组织享有的职务作品。

(2)著作权归属于作者个人的情况。我国《著作权法》规定,除了著作权归属于单位的情况外,职务作品的著作权由作者享有,但应当受到单位的限制。单位依法享有在其业务范围内免费使用的权利,而且在作品完成2年内,未经单位同意,作者不得许可第三人以与单位相同的方式使用,且此种使用须是有偿使用,报酬由作者与单位协商比例分配。

4. 合作作品的著作权归属

我国《著作权法》对合作作品作了如下规定:两人以上合作创作的作品,著作权由合作作者共同享有。没有参加创作的人,不能成为合作作者。作者对自己单独创作的部分可以享有独立的著作权,合作作品可以分割使用,但行使著作权不得侵犯合作作品整体的著作权。合作作品不得分割使用的,著作权由所有作者共同享有,通过协商一致行使权利;不能协商一致,又无正当理由的,任何一方不得阻止他方行使除转让以外的其他权利,但是所得收益应当合理分配给其他的合作作者。

5. 在已有作品基础上创作完成的新作品的著作权归属

我国《著作权法》规定中,属于此类作品的主要有汇编作品和改编、翻译、注释、整理已有作品而产生的作品。对于此类作品,我国著作权法明确规定,新作品的著作权属于新的创作者,但是在行使新作品的著作权时不得侵犯原作品的著作权。

6. 几类特殊作品的著作权归属

我国《著作权法》中还特别规定了几类特殊作品的著作权归属，主要有以下几种情况：

(1)美术作品原件。其展览权由原件所有人享有。

(2)传记类作品。当事人协商一致以特定人物经历为题材完成的，有约定的，依约定；没有约定的，著作权归该特定人物享有。

(3)讲稿类作品。由他人执笔的，本人审阅定稿并以本人名义发表的报告、讲话等作品，著作权归本人所有。

(4)作者身份不明的作品。由作品原件所有人行使除署名权以外的著作权，作者身份确定后，由作者或者其继承人行使著作权。

(5)相同题材的作品。不同作者就同一题材创作的作品，作品的表达系独立完成并且有创作性的，应当认定为作者各自享有独立的著作权。

7. 著作权人死亡后的情况

著作权人死亡后的情况，分为自然人和单位两种：

自然人作为作者死亡后，其著作权中的署名权、修改权和保护作品完整权由作者的继承人或者受遗赠人保护；著作权无人继承又无受遗赠人的，除上述三项权利由政府著作权行政管理部门保护外，作者死亡后，在著作权保护期限内，著作权的13项财产权利依照《继承法》的规定发生转移。

著作权属于单位的，单位发生变更、终止后，在著作权保护期内，由承受其权利义务的单位享有；无承受其权利义务的单位的，由国家享有。

（三）专利权的取得及相关法律问题

1. 申请专利的事由

（1）发明（包括产品发明和方法发明）。是指对产品、方法或者其改进所提出的新的技术方案。

（2）实用新型。是指对产品的形状、构造或者其结合所提出的适于实用的新的技术方案。

（3）外观设计。是指对产品的形状、图案、色彩及其结合所作出的富有美感并可应用的新设计。

2. 专利权的归属

根据相关法律规定，可以把专利权的归属总结如下表：

	专利权的归属	注意事项
职务发明	单位	职务发明包括以下两种情况： （1）执行本单位的任务所完成的发明创造。包括： ①在本职工作中作出的发明创造。 ②履行本单位交付的本职工作之外的任务所完成的发明创造。 ③退职、退休或者调动工作后1年内作出的，与其在原单位承担的本职工作或者原单位分配的任务有关的发明创造。 （2）主要利用本单位的物质技术条件所完成的发明创造。本单位的物质技术条件，是指单位的资金、设备、零部件、原材料或者不对外公开的技术资料等。
非职务发明	个人	—
主要利用单位的物质技术条件所完成的发明	依照单位和个人的合同决定	—

续表

	专利权的归属	注意事项
多人或者多单位共同完成的发明创造	除各方在协议中约定外，归共同完成的单位或个人	两个以上单位或者个人合作完成的发明创造，除另有协议的以外，申请专利的权利属于完成或者共同完成的单位或者个人；申请被批准后，申请的单位或者个人为专利权人。
委托发明创造	除委托书另行约定外，归完成的单位或个人	一个单位或者个人接受其他单位或者个人委托所完成的发明创造，除另有协议的以外，申请专利的权利属于完成或者共同完成的单位或者个人；申请被批准后，申请的单位或者个人为专利权人。

3. 专利的保护期限

发明专利权的保护期限为20年，实用新型专利权和外观设计专利权的保护期限为10年。

这表明，一旦发明创造获得专利权后，最多只能获得20年的法律保护。超过这一期限，发明和技术创新将被置于公众领域，无偿贡献给社会。申请专利后意味着你的发明创造将被公之于众，任何人都可以轻易获得你的技术。那么企业是否因此就应拒绝专利申请，保护自己的专有权呢？恰恰相反，专利的申请可以给企业带来诸多利益，而对于把控着企业生产命脉的“专利”，则可以通过“商业秘密”来保护，比如，畅销全球的可口可乐的配方，至今是一项外人无法知晓的商业秘密。

4. 申请专利对企业发展的意义

专利能够让企业在激烈的市场竞争中占据有利的位置，尤

其是对中小型企业而言,好的专利足以令其在市场中立于不败之地。具体来说,专利能够带来如下功能:

(1)较全面地占领市场

一种产品只要授予专利权,就等于在市场上具有了独占权。未经专利权人的许可,任何人都不得生产、销售、许诺销售、使用、进口该专利产品。因此,专利有很重要的占领和保护市场的作用。例如,某复印公司因其XEPOX914型复印机有专利保护,10年内其复印机销售额提高了20倍,利润提高了17倍。

(2)防止他人模仿本企业开发的新技术、新产品

一项技术一旦申请专利,无论这项技术通过发表论文,还是参加学术会议或展示会,或以其他方式公开,均是在法律保护下的公开,任何人即使通过上述途径学会或掌握了这项技术,在这项技术被授予专利权后,也不能随便使用。获得了法律保护,就能有效地防止他人的模仿行为。技术含量高的产品需要专利保护,技术含量低的产品更需要专利保护,因为技术含量低的产品更容易被模仿,企业应予重视。

(3)专利技术可以作为商品出售(转让)

纯技术一旦被授予专利权就变成了工业产权,成为无形资产,具有了价值。一项纯技术不能成为工业产权(技术秘密除外)。因此,技术发明只有申请专利,并经专利局审查后,授予专利权,才能变成国际公认的无形资产。

(4)避免被他人抢先申请专利

(5)专利宣传效果好

在宣传广告或产品上打上专利标志,消费者往往认为这种

商品更具可靠性、信用性,也能提高企业的知名度。

5.政府对专利申请的专项补贴

为鼓励发明创造,促进技术创新,保护创新成果,提升专利创造、运用、保护和管理能力,建设创新型城市,根据相关的法律规定,各地纷纷出台专利资助办法。

专利资助,是指在知识产权局部门预算中安排相关资金,对资助申请人申请专利或开展专利相关工作所给予的资助,分为一般资助和专项资助。资助申请人可以是注册或登记在本市的企业、事业单位、机关和社会团体,以及具有符合一定条件的个人,其中重点支持发明专利和战略性新兴产业专利。以上海为例,上海市出台了《上海市专利资助办法》,部分内容如下:

(1)一般资助

一般资助是指对资助申请人向国家知识产权局,向中国香港、澳门、台湾地区以及国外有关专利审查机构申请专利的相关费用的资助。

符合下列条件之一的资助申请人,可以申请资助:①国内发明专利申请人或专利权人;②国内实用新型或外观设计专利权人;③香港注册标准专利、澳门授权发明专利或台湾授权发明专利(简称港澳台地区专利)专利权人;④依据同中国签订的协议或者共同参加的国际条约向国外申请并获得授权的发明专利或者外观设计专利(简称国外专利)专利权人。

资助申请人申请国内发明专利资助的项目和金额如下:①申请费(包括申请费、申请附加费、公布印刷费和优先权要求费),在专利申请受理后按实际缴纳金额的80%资助;②实质审查费、授权费(包括专利登记费、公告印刷费和授权当年年费),在授权后按实际缴纳的金额资助;③授权后第二年、第三年的年费,按实际缴纳金额的80%资助;④专利代理费,在授权后按每项不超过人民币2000元资助;⑤申请国内实用新型或外观设计专利资助的,申请费(包括申请费、申请附加费、公布印刷费和优先权要求费)和授权费(包括专利登记费、公告印刷费和授权当年年费)在授权后,实用新型按实际缴纳金额的50%资助,外观设计按实际缴纳金额的60%资助;⑥申请港澳台地区专利资助的,每项专利的资助金额不超过人民币5000元;⑦同一个资助申请人每年度获得的国外专利资助总额不超过人民币100万元。

(2)专项资助

专项资助是指对市知识产权局认定的专利工作试点企事业单位和专利工作示范企事业单位,在其开展专利创造、运用、保护和管理工作方面所给予的资助。

获得的专项资助应当用于以下工作:①专利管理标准化建设;②专利战略制定与实施;③专利数据库、预警平台建设;④专利托管、质押、转让和许可;⑤专利人才培训;⑥专利维权;⑦其他专利工作。

专利工作试点企事业单位在2年试点期限内每家资助金额不超过人民币40万元。专利工作示范企事业单位在2年示范期限内每家资助金额不超过人民币60万元。

第二章
初创期(孵化期)

第一节　初创期的特点及主要需求分析

在“大众创业，万众创新”的大背景下，我国初创企业如雨后春笋般破土而出。初创企业，泛指所有刚刚成立，缺乏各类资源的企业。由大公司设立的子公司因具有成熟、完善的配套资源支持，所以一般不归于此类。

1. 初创期的特点

初创企业由于其本身的特殊性，至少与发展多年的企业具有以下几方面的不同：

(1)资源配置方式。由于资金的紧缺，资金使用往往以更大回报率为原则，企业大部分资金都会用在产品研发和销售方面，团队建设和企业管理方面往往会有所欠缺，这便是创业企业艰难的主要体现之一。由于企业特色及简单的组织设计决定了其人力资源搭配的特点以熟人为主，人力精简，人员之间优劣势互补。

(2)内部沟通方式。发展多年的企业一般具有其设计严密的内部授权层级和统一的沟通系统,初创期企业由于资源缺乏,其内部沟通往往以直线的、多样的、简单的方式为主。

(3)激励手段。初创期企业关注的战略目标是生存,以至于当下首要的任务必定为产品销售、抢占市场。其独特的关注点决定了与之相配的激励手段。

(4)相关辅助工作。相关辅助工作主要指法律合规、人力资源等为企业长远、良好发展而开展的专业工作。由于初创期的特点决定了企业在此时期对于相关辅助工作都有不同程度的欠缺,但法律合规往往会影响到企业发展方向甚至面临处罚等生死问题,因此,重视相关辅助工作或选择一个与之相配的服务单位至关重要。

(5)企业管理。初创期企业规模比较小,甚至很多企业还带着家庭作坊式的投资模式与市场运作特征,管理的随意性会比较大,一般呈比较粗放、简单和集权的特征。

2016 年 8 月到 9 月,First Round Capital 调研了 700 多家创业企业,了解各家企业在 2016 年的生存状态。其中,18% 的调查对象在前一年有过裁员,57% 的调查对象认为现在有泡沫。同时有数据显示,在我国,大约 22% 的企业倒在了初创期,但是,仍有 91% 的调查对象认为现在正是创业的好时机,积极乐观的心态往往是企业初创期的重要力量来源。财务方面,51% 的企业和一年前相比,“烧钱”速度在加快,48% 的公司还需要 1~3 年才能盈利。人力方面,31% 的调查者在未来一年计划招

1～5人,37%的调查对象落后于自己的计划。融资方面,31%的公司完成种子轮,35%的公司在当年完成上一轮融资。

以上数据简单明了地告诉我们,企业初创期的主要特点便是人力、资金、客户的缺乏。同时,初创企业的优势同样明显,若企业具有且持续开发有竞争力、满足客户独特需求的新技术或新产品,发挥企业特色和优势,其对客户的强大吸引力是不容小觑的。企业想要弥补前述缺陷,那么其具有的特色和比大企业更贴近客户、更了解客户、反应更迅速、客户关系更好、服务更全面周到的产品才应是管理的重点。

2. 企业初创期的主要需求

(1)资金。资金永远是一个企业的基本,如何获得融资便是企业最大的问题。一些企业的设立往往是几个好兄弟、好朋友等凑出了第一批资本金便成立自己的公司,未来的融资便伴随着企业的一生。以前,资金绝对是初创期的第一大需求。然而,AngelList公司对使用过他们服务的创业者进行的一次调查却惊讶地发现,如今企业的第一大需求已经由资金转变为人才。由于当下我国经济发展已经到了一定的程度,民众的理财观念发生变化,现代融资方式呈现多样化和互联网化,各种新型产业蓬勃涌出,社会"热钱"泛滥等,前述转变自然是意料之内的事情。

(2)人才。人才永远是一个企业的根本,涵盖包括管理、公关、法律合规等企业各个重要的分工领域。初创企业的成立,大多是因为三五好友自己对于某一产品或者领域具有更新的创造力而发生。可以说,初创企业出现的主要原因便是人才。

但是,随着企业的逐步发展,初创团体往往开始力所不能及,加之当下新金融、新能源、“互联网+”等新产业的出现加速了相关行业的发展和监管层面对我国市场法制发展的要求,初创企业求贤若渴之心愈加迫切。初创企业一般不缺少技术人才,但是对于风控、合规等影响企业生存发展的人才,由于资金和战略目标的设计而呈现出天然性的稀缺。因此,大量初创企业采用的做法是将这些专业外包,那么选择合适又有能力的服务单位便成为企业对此类人才需求的迂回解决方式。

(3)用户。用户的数量和质量决定了产品的社会接受度,直接影响着企业的利润和投资者的资本回报。企业的存在目的本就是终其一生地为其用户服务,但是行业竞争是残酷的,用户的抢夺是企业的要义,“摩拜”与“ofo”之间、“美团外卖”与“饿了么”之间的“烧钱”火拼生动地解释了用户对企业的重要性。

(4)产品。产品研发是初创企业的基础,大多数初创企业就是靠着自己最初的产品,不停地迭代形成自己的市场竞争力。由于资金和人才的限制,新产品的研发对初创企业而言并不能如同大企业那样大手笔,合理地将有限的资源用在“刀刃”上,把自己现有的特色产品发展成熟才是理智的做法。

经历初创期,是一个成熟企业必要的成长历程。在此过程中,合理利用已有资源、逐步完善各类企业制度、坚持迭代产品形成独有的市场竞争力、选择与自己适配的法律合规服务单位等,是一个初创企业走向成熟必须付出的学习代价。

第二节 企业制度建设

（一）财务制度建设

广义的财务制度包含两个层面的理解：一是国家法律法规和各级政府财政部门制定的、关于企业组织财务活动和处理财务关系的制度规范即国家统一的财务制度；二是企业根据国家统一的财务制度制定的企业内部财务制度。后者便是企业的财务制度，本节介绍的财务制度建设主要指此类。在市场经济的激烈竞争中，风控水准直接关系着一个企业的生死存亡，财务管理制度便是企业基于风险管控的重要生存保障。

1. 财务制度建设的内容

企业内部财务制度建设的依据是国家统一的财务制度，同时应当充分考虑企业内部的生产经营特点以及管理要求。其一般应当包括以下内容：

（1）资金管理制度。主要包括资金指标的分解、归口分级管理办法、资金使用的审批权限、信用制度、收账制度、进货制度等。

（2）成本管理制度。主要包括成本开支范围和开支标准、费用审批权限、成本降低指标以及分解等。

（3）利润管理制度。主要包括利润分配程序、利润分配原则、股利政策等。

2. 财务制度建设的具体措施

企业制度建设任重而道远，其存在及迭代将服务于企业发

展的每一个阶段,并非是一成不变,而是立足实际,具有前瞻性并与时俱进、持续完善。可以重点关注以下几个方面:

(1)随时保持资金管理安全意识,端正防范心态。资金管理是财务管理的核心,必须要采取行之有效的管控措施,规避风险。财务领导者必须把安全意识体现到财务制度中去,落实到具体工作中。

(2)关注风险源及异常情况。密切关注异常状态,设立异常状态处理机制。及时进行现场核查,逐一排查风险点和风险源,形成安全运行的高压状态,规避各项业务的资金风险,发挥资金的“闸口”作用。

(3)加强过程管控和岗位牵制。设立相关岗位之间的互查制度,发挥相关岗位之间的管理监督作用;设置资金流防线,严格管控每一个节点的资金动态,精细化资金管理;及时核对资金,特别是对大额资金要进行追踪监控,发现异常随时核查;及时调整银行账目,第一时间追查未达账项;严格管控支出,谨慎审核支出事项。

(4)建立互不相容的职务牵制制度。内部牵制制度本是企业会计制度的一项重要内容。建立职务牵制制度时,企业应当结合会计人员岗位责任制的具体情况,对每一个职位的职责进行限制性规定,准确地限定每一个职务的职能,并接受企业领导定期的检查和监督。

(5)设立预算控制制度。企业应当实行全面的预算管理,加强重点领域的管控,主攻薄弱节点,强化管控的自觉性和主动性。

(6)强化风控,依托信息系统。企业要提高效率,脱离人力影响,就要建立信息化的风控系统,打造全方位、全过程、全要素的内控与风险管理体系。通过对风险的预警、识别、评估、分析、报告、处理等措施,对风险实行全方位的防范和控制。

根据企业自身生产经营和管理的客观要求,把握财务制度建设原则,落实各个具体要素,企业才能设立符合自身发展的财务制度。一拍脑门地随意照搬别家的模板,给自家企业带来的可能是灭顶之灾。

3. 财务制度建设的强制性规定

公司财务制度虽属于公司内部制度建设,但由于其对于股东、债权人保护和政府监管存在重大意义,故各国立法皆对公司财务制度的建设有着不同程度的强制性规定。我国相关立法主要参见于《会计法》《企业会计准则》《企业财务通则》《公司法》等。

例如,我国《公司法》第 8 章要求"公司应当依照法律、行政法规和国务院财政部门的规定建立本公司的财务、会计制度",其更细致的要求包括:

①公司应当在每一会计年度终了时编制财务会计报告,并依法经会计师事务所审计。

②有限责任公司应当依照公司章程规定的期限将财务会计报告送交各股东。

③股份有限公司的财务会计报告应当在召开股东大会年会的 20 日前置备于本公司,供股东查阅。

④公司分配当年税后利润时,应当提取利润的 10% 列入公

司法定公积金;公司法定公积金累计额为公司注册资本的50%以上的,可以不再提取。

⑤公司的法定公积金不足以弥补以前年度亏损的,在正常提取法定公积金之前,应当先用当年利润弥补亏损。

⑥公司弥补亏损和提取公积金后所余税后利润,有限责任公司按照股东实缴的出资比例分取红利;股份有限公司可按照股东持有的股份比例分配,也可按照公司章程规定分配。

⑦公司聘用、解聘承办公司审计业务的会计师事务所,依照公司章程的规定,由股东会、股东大会或者董事会决定。

除《公司法》相关规定外,企业还须参照其他相关法律法规制定合法的财务制度,保证企业的制度完善与合规。

(二)税务制度建设

税务制度建设,即以建立公司内部税务控制基本规则为主要内容的涉税制度建设,是降低税收负担、防范税务风险最有效、最可行和最可靠的方式之一,是成为现代化企业的必然要求。具体来讲,税务制度是根据一定原则结合实际,运用文字、图表等形式对全部涉税事项、税收处理手续、内部税务管理机构及人员的职责进行系统规划的制度,它是财务管理的重要组成部分。

税务制度建设的内容

企业税务制度建设是一项复杂的系统工程,在整个制度设计过程中需要运用税法及涉税管理理论、信息论、控制论等现代理论及相关技术,借助文字说明、表格和流程图等具体形式来反映制度内容。由于不同企业的业务和管理需求具有不同的性质和范围,因此,企业税务制度的设计会因企业、因地点、因时、因事、因人和因阶段不同而不同。

税务制度建设的具体内容主要包括:

(1)税负分析和税收规划制度。设计此制度的目的是了解企业税负估算与分析如何筹划税收。企业税负一般包括增值税、企业所得税、个人所得税及土地增值税等。自我国税务机关实施纳税评估以来,税负率成为财务领域的热词,税务机关经常会质疑企业提出的税负率,但作为企业纳税人,合法合理降低税负是自己正当的诉求。设计此项制度是为了精确分析企业的税负内容,在合法的情况下用最合理的筹划方式降低企业税负。

(2)税收政策分析和应用制度。企业税收制度应当是依据国家税收相关法律法规政策制定的,因此,需要常态化地检索、学习相关法律法规政策并更新制度,保证企业应用最新的制度。相关法律法规政策的检索可以通过当地税务机关的政策发布平台定期进行;有条件的企业应安排专门工作人员负责,没有条件的企业也应当定期外请专业的律师进行培训。

(3)企业所得税台账管理制度。随着财务处理和税务处理差异的扩大,以及企业所得税管理方式由事前审核调整为事后评估和检查,建立台账、归类管理重要的跨年度财务与税务差异事项,无论对纳税人还是对税务机关(审核纳税人年度企业所得税申报的准确性、强化企业所得税汇算清缴后续管理)都具有举足轻重的作用。企业所得税台账是税务管理部门在审核企业所得税纳税申报表、审批企业所得税减免等日常活动中使用的,用以记载企业所得税后续管理事项,具有特定格式和内容的一系列备查簿籍。

(4)企业票据管理制度。企业根据自身特点对票据的管理以票据种类、票据使用准则、票据统计核销、账册管理、财务稽核、印章管理、档案室票据管理等事项制定财务票据管理细则,由企业各部门、各项目、各人员严格执行。

(5)纳税风险预警制度。企业税务风险预警机制的构建分为三个层次。①风险识别与诊断。从企业因素来看,风险主要包括部门整合与协作之间沟通不畅、组织内部的信息沟通障碍、税务与法律体系的多样性、不断变化的当地税务政策;从技术因素来看,风险主要是缺乏完善的网络环境,没有统一有效的税务风险控制文档;从人员因素来看,风险主要包括缺乏足够的专职岗位、职责分工不明确等问题。②税务风险评估与分级。税务风险评估小组通过访谈或调查问卷的形式进行评估调查,并根据结果建立税务风险评估体系,根据风险评估的标准将税务风险预测分成高、中、低三个等级。③制定风险应对策略。企业在制定应对策略时要遵守成本效益原则,加强各节点与税务部门的沟通。

(6)纳税成本控制制度。税务成本控制主要从三个大的方面出发:①建立完善的税收管理体系,以期对企业税务的发生进行事前、事中和事后的跟踪分析;②进行事前的税务规划,如企业设立时,一般要对企业组织形式的选择、企业注册地的选择、是否招聘残疾人员的选择、开业时间的选择、注册资本中货币和非货币性资产比例的选择、企业规模的选择、企业查账征收还是核定征收方式的选择等做好规划；③建立与税务机关的长效沟通机制，企业为应对纳税过程中发生的问题，必须与当地税务机关建立良好的沟通关系，以在短时间内办理备案和审批涉税事项，低成本解决企业涉税争议和规避地方涉税政策适用不确定的风险。

第三节 企业合同1.0

订立合同，是企业开展业务中最常见的事务。合同的本质，是合同订立双方达成的合意。换言之，对企业而言，将与对方协商一致的内容书面化就是一份合同。但是，在实际业务开展中，一份优质的合同只有这样是远远不够的。合同，是订立双方开展具体工作内容的依据，更是产生纠纷之后的法律依据，对合同订立双方都具有约束力。所以，合同不单单要列明双方所协商一致的事项，更应该明确双方的权利义务关系，预想好可能发生的一切法律风险以及相应的应对方法，并且落实在条文之中。

1. 合同的表述方式

在企业订立合同的过程中，一般会碰到两个问题：一是合同该怎么写？二是合同该写什么？前者是合同的外在形式，后者是合同的具体内容。合同的外在形式，简言之，就是合同的表述方式。一份合同，表达相同的内容，企业自行起草的和律师起草的可能不尽相同。合同的表述方式虽然与法律规定没有太大关系,但是如果合同表述的质量过低,依然可能会导致不利的法律后果。在制定合同的过程中,应遵循以下几点:

(1)合同需要做到体系结构清晰。在实际工作中,企业之间订立的合同内容往往会相当复杂,篇幅比较大。这种类型的合同要做到表达内容明确而不混乱,就应当有一个合理清晰的表达结构。企业在订立这一类合同时,可以分三步走:预先考虑好合同内容中将包含哪些较大的方面,然后将这些大块内容划分成较小的组成部分,最终落实到具体的条款。这样的三个层级,可以用不同层级的标题进行划分,形成标题体系。这样一来,无论合同内容多么繁复,也可以做到结构清晰,使人一目了然。

(2)合同需要做到条款完备。当企业之间订立合同时,往往着重于表述双方约定的具体内容,而忽略了一些功能性的条款。事实上,根据《合同法》第12条第1款规定,合同一般应当包含以下条款:

①当事人的名称(法人)或者姓名(自然人)和住所;

②标的;

③数量;

④质量;

⑤价款或者报酬;

⑥履行期限、地点和方式;

⑦违约责任;

⑧解决争议的方法。

企业订立合同应当包含这八个基本条款，特别是对违约责任和争议解决方法的约定要在合同中列明，这样就可以在合同履行发生问题时有所依据，避免不必要的“扯皮”。当事人可以参照各类合同的示范文本订立合同，工商总局、各省市工商局提供各类合同的示范文本，可供企业参考。

(3)合同表述需要做到严谨准确。在我们的日常表达中，由于语言的灵活性，一些话语的表述可能不会太严谨。但是合同的条款在生效之后，会对订立各方产生法律效力，所以一定要做到表述的严谨准确。所谓严谨，就是合同表述逻辑完整，前后不矛盾，特别是关于双方权利义务的条款，要注意双方的权利义务应对应一致，避免重叠和冲突。所谓准确，就是合同的遣词造句流畅无语病，用词准确无歧义，各类语句中的指代对象明确不混乱。

(4)优质的合同还需要做到排版清晰。一份优质的合同，也是一张企业的名片。国内外优秀的大型企业所签订的合同不但质量极高，外观上也是美观大方。一份合同的排版质量，直接影响到人们对于合同起草者的主观印象。合同的排版没有一个明确具体的标准，基本上做到字体字号使用合理、段落格式设计美观，不同层级的标题使用符合一般习惯即可，剩下的就是企业的自由发挥了。

2. 合同的具体内容

以上四点主要针对于合同的外在形式，合同的具体内容在合同订立中也需要重点关注。合同的具体内容主要由订立双方的具体意思表示决定，相较于外在形式，并没有那么多的要求。但是,对于合同的内容,也有一些需要注意的地方。

(1)合同内容的合法性。合同的约束力是由法律来保障的,合同的约定自然也要符合法律的规定。这里特别需要注意的是:双方在约定具体合同条款时,要注意不能和法定的强制性义务冲突;在合同中引用法规时,要注意法律法规的有效性;在使用术语时,要注意符合相关法条、技术规范的要求。

(2)合同内容的实用性。合同中的条款不但要符合双方合意和法律规定,还应当具备实用性。举例而言,双方在约定争议解决的条款时,可以约定向特定的法院起诉,而在此条款中,约定的法院应当是起诉最方便的法院。这样,该条款就相当实用,具有可操作性了。

(3)合同内容的明确性。在合同条款中,应当明确具体地约定合同订立双方的权利义务关系。在日常实践中,一些企业在签订合同时只关注合同约定事项,却没有对双方的具体权利义务进行明确的约定,严重影响了交易的安全,导致在合同实际履行过程中纠纷频发。要避免这种情况,就需要企业在订立合同时,要在条款中详细明确地罗列双方的权利义务,在合同中具体规定好双方应当做和不应当做的事,以保证合同履行的顺利有序。

第三章

成　长　期

第一节　成长期的特点及主要需求分析

1. 成长期的特点

企业的成长期，是一个企业成长速度最快，对企业至关重要的时期，这种成长并不意味着同样内容的不断增加，而是在量变的积累下，带来新的质变。此时的企业不能仅靠增加人才、资金、设备和厂房等来应付这种变化，而是需要管理层的一次变革。管理人员需要从管理制度和规则的规范和创新中进行专业化的管理来迎合企业的成长。

处于成长期的企业通常会按照自己的发展模式运行或扩大，业绩增长，总资产周转率开始提升，净利润率维持低位。此时企业可能已经有一个或多个被市场认可的产品。企业在行业中已经有一定的份额，依靠自身造血能够维持生存。企业任务是进一步扩大公司的市场份额，争取成为行业龙头。

2. 成长期的主要需求

进入成长期，企业通常有如下需求：

(1) 清晰地制定战略规划。企业战略是企业营销活动的灵魂。群策群力地制定科学、严密、可行的战略计划，并采取认真的实施步骤，最终可使企业增加盈利，树立更好的企业形象，使企业得以发展，并在市场严峻的情况下保持企业的生存。

(2) 外部引入人才。要实现企业所制定的战略，必须要靠强有力的员工队伍，而创业期的"元老们"尽管为企业的发展付出了较大的贡献，但是他们目前的能力或精力可能无法满足公司战略的需要，因而需要从外部引入人才以保证战略目标的实现。

(3) 提升公司管理体系。公司确定了战略规划，也引入了相应的人员，但如何管好人、用好人，这是实现公司战略的关键，因此需要在管理体系的提升上进行大量投入。

第二节 企业治理 2.0

(一) 股东会制度

1. 股东的产生

股东是指通过向公司出资或通过其他合法途径获得公司股权，并对公司享有权利和承担义务的人。在公司法上，有限责任公司股东与股份有限公司股东的内涵有所区别：有限责任公司股东是指在公司成立时向公司出资或在公司成立后依法继受取得股权，对公司享有权利和承担义务的人；股份有限公司股东是指在公司设立时或设立后合法取得股份，对公司享有权利和承担义务的人。本部分主要介绍有限责任公司股东的相关权利和义务。

2. 股东的权利

(1) 知情权

股东有权查阅、复制公司章程、股东会会议记录、董事会会议决议、监事会会议决议和财务会计报告。

(2) 表决权、议事权和撤销权

股东有权参加(或委托代表参加)股东(大)会并根据出资比例或其他约定行使表决权、议事权。《公司法》还赋予股东对违规决议的撤销权，规定:如果股东会或者股东大会、董事会的会议召集程序、表决方式违反法律、行政法规或者公司章程，或者决议内容违反公司章程的，股东可以自决议作出之日起60日内，请求人民法院撤销。

(3) 选举权和被选举权

股东有权选举和被选举为董事会成员、监事会成员。

(4) 收益权

股东有权依照法律、法规、公司章程规定获取红利，分取公司终止后的剩余资产。

(5) 解散公司的请求权

《公司法》第182条规定，公司经营管理发生严重困难，继续存续会使股东利益受到重大损失，通过其他途径不能解决的，持有公司全部股东表决权10%以上的股东，可以请求人民法院解散公司。

(6)股东代表诉讼权

股东代表诉讼，是指公司的董事、监事和高级管理人员（高级管理人员，也可简称为“高管”）在执行职务时违反法律、行政法规或者公司章程的规定，给公司造成损失，而公司又怠于起诉时，符合条件的股东可以以自己的名义向法院提起损害赔偿的诉讼。

(7)直接索赔权

全称为“对董事或高管的直接索赔权”，当董事或者高管的个人行为对股东个人造成直接的利益损害，股东有权直接向董事或高管进行索赔。

(8)优先权

在公司新增资本或发行新股时，股东在同等条件下有优先认缴权，有限公司股东还享有对其他股东转让股权的优先受让权。

(9)召集权

全称为“临时股东会的提议召集权”。在非股东会的正常召集时间，但是又有特别情况发生时，为了能够更大程度地扩大公司利益和实现股东利益，若符合一定条件，股东可以提议召集临时股东会。

3. 股东的变更

公司的股权通过股权交易进行买卖，该交易造成股东的变更。有限责任公司的股权变更必须签订《股权转让协议》，并且在工商行政管理局进行备案。

股东变更时需要缴纳相关税费。股权转让过程中，转让方需要交纳各种税费：如果转让方是个人，以股权转让收入减除股权原值和合理费用后的余额为应纳税所得额，按照20%缴纳个人所得税；如果转让方是公司，税负相对较高。

4. 股东资格的丧失

股东资格的丧失，是指股东因法定原因或法定程序而丧失股东身份。从我国现行《公司法》规定来看，主要有以下几种情形：

①公司法人资格消灭，如解散、破产、被合并；

②自然人股东死亡或法人股东终止；

③股东将其所持有的股权转让；

④股权被人民法院强制执行；

⑤股权被公司依法回购；

⑥法律规定的其他情形，如赠与、纳税、被善意取得等。

5. 有限公司的股权转让

根据《公司法》的规定，有限责任公司的股东之间可以相互转让其全部或者部分股权。股东向股东以外的人转让股权，应当经其他股东过半数同意。股东应就其股权转让事项书面通知其他股东征求同意，其他股东自接到书面通知之日起满30日未答复的，视为同意转让。不同意的股东应当购买该转让的股权；不购买的，视为同意转让。如下图所示：

股东
- 对内：自由转让
- 对外：书面通知其他股东＋过半数股东同意

经股东同意转让的股权，在同等条件下，其他股东有优先购买权。两个以上股东主张行使优先购买权的，协商确定各自的购买比例；协商不成的，按照转让时各自的出资比例行使优先购买权。

人民法院依照法律规定的强制执行程序转让股东的股权时，应当通知公司及全体股东，其他股东在同等条件下有优先购买权。其他股东自人民法院通知之日起满20日不行使优先购买权的，视为放弃优先购买权。

6. 股东会

有限责任公司股东会由全体股东组成。股东会分为定期会议和临时会议。首次会议由出资最多的股东召集和主持。定期会议应当依照公司章程规定，按时召开。代表1/10以上表决权的股东、1/3以上的董事、监事会或者不设监事会的公司监事，这三类人可以提议召开临时会议。

股东会是公司的权力机构，股东会行使下列职权：

①决定公司的经营方针和投资计划；

②选举和更换非由职工代表担任的董事、监事，决定有关董事、监事的报酬事项；

③审议批准董事会的报告；

④审议批准监事会或者监事的报告；

⑤审议批准公司的年度财务预算方案、决算方案；

⑥审议批准公司的利润分配方案和弥补亏损方案；

⑦对公司增加或者减少注册资本作出决议；

⑧对发行公司债券作出决议；

⑨对公司合并、分立、解散、清算或者变更公司形式作出决议；

⑩修改公司章程；

⑪公司章程规定的其他职权。

(二)董事会制度

1.董事会的产生

有限责任公司设董事会,其成员一般为3人至13人。董事会设董事长1人,可以设副董事长。董事长、副董事长的产生办法由公司章程规定。另外,两个以上的国有企业或者两个以上的其他国有投资主体投资设立的有限责任公司,其董事会成员中应当有公司职工代表。其他有限责任公司董事会成员中可以有公司职工代表。董事会中的职工代表由公司职工通过职工代表大会、职工大会或者其他形式民主选举产生。

股东人数较少和公司规模较小的公司可以不设董事会,可以设立1名执行董事,执行董事可以兼任经理。董事会与执行董事根据公司规模大小只能选择其一。

2.董事会的职权

董事会对股东会负责,行使下列职权:

①召集股东会会议,并向股东会报告工作;

②执行股东会的决议;

③决定公司的经营计划和投资方案;

④制订公司的年度财务预算方案、决算方案;

⑤制订公司的利润分配方案和弥补亏损方案;

⑥制订公司增加或者减少注册资本以及发行公司债券的方案;

⑦制订公司合并、分立、解散或者变更公司形式的方案;

⑧决定公司内部管理机构的设置;

⑨决定聘任或者解聘公司经理及其报酬事项，并根据经理的提名决定聘任或者解聘公司副经理、财务负责人及其报酬事项；

⑩制定公司的基本管理制度；

⑪公司章程规定的其他职权。

董事会会议召集一般由董事长负责，董事会决议实行一人一票。董事会召开时一般需要制作会议记录，出席会议的董事应当在会议记录上签名。

（三）监事会制度

1. 监事会的产生

监事会制度其实是为了保障监事会依法独立行使监督权的制度。监事会依法行使公司监督权，保障股东权益、公司利益及员工利益不受侵犯。监事会行使监督权受法律保护，不受其他单位或者个人干涉。有限责任公司设监事会，其成员不得少于3人。股东人数较少或者规模较小的有限责任公司，可以设1～2名监事，不设监事会。

2. 监事会的职权

监事会是公司依法设立的监督机构，对股东大会负责和报告工作，因此，监事会是对股东会负责的。监事会（或不设监事会的公司的监事）行使下列职权：

①检查公司财务；

②对董事、高级管理人员执行公司职务的行为进行监督，对违反法律、行政法规、公司章程或者股东会决议的董事、高级管理人员提出罢免的建议；

③当董事、高级管理人员的行为损害公司的利益时，要求董事、高级管理人员予以纠正；

④提议召开临时股东会会议，在董事会不履行《公司法》规定的召集和主持股东会会议职责时召集和主持股东会会议；

⑤向股东会会议提出提案；

⑥依照《公司法》第151条的规定，对董事、高级管理人员提起诉讼；

⑦公司章程规定的其他职权。

监事会是保障公司权益的组织，若公司董事、总经理或者公司其他高层管理人员作出重大违法或者失职行为，经过全体董事表决同意，有权向股东大会提出解聘或者更换高层管理人员的建议。

（四）经理层

1. 经理的产生与职权

有限责任公司可以设经理，由董事会决定聘任或者解聘。副经理由公司经理提名，董事会决定聘任。经理对董事会或执行董事负责，行使下列职权：

①主持公司的生产经营管理工作，组织实施董事会决议；

②组织实施公司年度经营计划和投资方案；

③拟订公司内部管理机构设置方案；

④拟订公司的基本管理制度；

⑤制定公司的具体规章；

⑥提请聘任或者解聘公司副经理、财务负责人；

⑦决定聘任或者解聘除应由董事会决定聘任或者解聘以外

的负责管理人员；

⑧董事会授予的其他职权。

公司章程对经理职权另有规定的，从其规定。

2. 经理层的运行

经理研究决定问题可召开经理会议或经理办公会。以下运行模式可供参考：

（1）经理会议研究决定总经理职权范围内的重要事项。公司经理会议由公司经理、副经理参加，由经理主持。经理会议每月召开2～3次，具体时间由经理确定。特殊情况下，由经理、副经理提出，可召开临时经理会议。经理会议研究决定问题遵循民主集中制原则，在发扬民主的基础上，由经理集中多数成员意见作出会议决议。经理会议决议以《公司文件》或《经理会议纪要》的形式发布执行。对外报送的重要《公司文件》应经董事长签署或董事长授权经理签署。提交经理会议研究的议题，分管副经理应事先召集有关部门进行研究，提出意见；对意见分歧较大的问题，应向会议说明。董事长可参加经理会议。

（2）经理办公会协调、解决公司日常经营活动的具体事项。经理办公会由经理或分管副经理召集，有关副经理和部门负责人参加。经理办公会在充分听取部门意见的基础上，由召集人作出解决意见；难以作出解决意见的，召集人应及时提交经理会议研究。经理办公会形成的意见，用《经理办公会议纪要》下发执行。经理会议和经理办公会由公司办公室负责秘书工作。经理会议和经理办公会决定的事项，由有关部门承办。公司办公室负责协调和检查落实。

3. 董事会、监事会、经理的区别

根据我国《公司法》的相关规定，董事会、监事会和经理三者的区别如下表所示：

	董事会	监事会	经理
成立	股东大会选举产生董事，对股东会负责； 董事长（副董事长）产生办法由章程规定。	股东大会选举产生监事，对股东会负责； 董事、高级管理人员等不得担任监事会成员。	由董事会决定。
职责	（1）召集股东会会议，并向股东会报告工作； （2）执行股东会的决议； （3）决定公司的经营计划和投资方案； （4）制订公司的年度财务预算方案、决算方案； （5）制订公司的利润分配方案和弥补亏损方案； （6）制订公司增加或者减少注册资本以及发行公司债券的方案； （7）制订公司合并、分立、解散或者变更公司形式的方案； （8）决定公司内部管理机构的设置； （9）决定聘任或者解聘公司经理及其报酬事项，并根据经理的提名决定聘任或者解聘公司副经理、财务负责人及其报酬事项； （10）制定公司的基本管理制度； （11）公司章程规定的其他职权。	（1）检查公司财务； （2）对董事、高级管理人员执行公司职务的行为进行监督，对违反法律、行政法规、公司章程或者股东会决议的董事、高级管理人员提出罢免的建议； （3）当董事、高级管理人员的行为损害公司的利益时，要求董事、高级管理人员予以纠正； （4）提议召开临时股东会会议，在董事会不履行本法规定的召集和主持股东会会议职责时召集和主持股东会会议； （5）向股东会会议提出提案； （6）对董事、高级管理人员提起诉讼； （7）公司章程规定的其他职权。	（1）主持公司的生产经营管理工作，组织实施董事会决议； （2）组织实施公司年度经营计划和投资方案； （3）拟订公司内部管理机构设置方案； （4）拟订公司的基本管理制度； （5）制定公司的具体规章； （6）提请聘任或者解聘公司副经理、财务负责人； （7）决定聘任或者解聘除应由董事会决定聘任或者解聘以外的负责管理人员； （8）董事会授予的其他职权。 公司章程对经理职权另有规定的，从其规定。

续表

	董事会	监事会	经理
议事规则	董事会的议事方式和表决程序，除公司法有规定的外，由公司章程规定。 董事会决议的表决，实行一人一票。	监事会的议事方式和表决程序，除公司法有规定的外，由公司章程规定。 监事会决议应当经半数以上监事通过。	公司经理研究决定问题可召开经理会议或经理办公会。

4. 董事、高管的任职资格和禁止行为

另外，《公司法》对董事和高级管理人员任职资格和禁止行为也有严格的要求，具体如下表：

	以下人员无资格担任	禁止行为
董事、高级管理人员	(1)无民事行为能力或者限制民事行为能力； (2)因贪污、贿赂、侵占财产、挪用财产或者破坏社会主义市场经济秩序，被判处刑罚，执行期满未逾五年，或者因犯罪被剥夺政治权利，执行期满未逾五年； (3)担任破产清算的公司、企业的董事或者厂长、经理，对该公司、企业的破产负有个人责任的，自该公司、企业破产清算完结之日起未逾三年； (4)担任因违法被吊销营业执照、责令关闭的公司、企业的法定代表人，并负有个人责任的，自该公司、企业被吊销营业执照之日起未逾三年； (5)个人所负数额较大的债务到期未清偿。	(1)挪用公司资金； (2)将公司资金以其个人名义或者以其他个人名义开立账户存储； (3)违反公司章程的规定，未经股东会、股东大会或者董事会同意，将公司资金借贷给他人或者以公司财产为他人提供担保； (4)违反公司章程的规定或者未经股东会、股东大会同意，与本公司订立合同或者进行交易； (5)未经股东会或者股东大会同意，利用职务便利为自己或者他人谋取属于公司的商业机会，自营或者为他人经营与所任职公司同类的业务； (6)接受他人与公司交易的佣金归为己有； (7)擅自披露公司秘密； (8)违反对公司忠实义务的其他行为。 违反以上规定所得的收入，归公司所有。

(五)公司章程制定2.0

现行《公司法》对章程的制定并未作出过多限制;相反,还给予公司一定的意思自治空间。如何设计符合公司自身的章程条款,对于公司日后的发展具有重大意义。

1. 章程的组成部分

根据《公司法》规定,有限责任公司的章程,必须载明下列事项:公司名称和住所;公司经营范围;公司注册资本;股东的姓名或者名称;股东的权利和义务;股东的出资方式、出资额和出资时间;公司的机构及其产生办法、职权、议事规则;公司法定代表人;股东会会议认为需要规定的其他事项。

对应到具体条款中,章程可分为强制性条款、授权性条款(补充性条款)、指引性条款以及任意性条款。

(1)强制性条款

公司章程的强制性条款,是指该条款的内容由法律和行政法规强制性规定,公司章程不得对法律内容作出变更的条款。公司章程的强制性条款分为法定记载事项中的强制性条款和任意记载事项中的强制性条款。

法定记载事项中的强制性条款,是指依据法律规定必须记载的事项下的相关条款,其内容是由法律(法律和行政法规)直接规定的。如有限责任公司股东会、董事会的职权为法定记载事项,而《公司法》对该事项下的职权已经作出了明确具体的规定内容即为强制性条款;公司章程在记载该法定事项时只能复述法律而不能对其作出变更,如不能将股东会的职权分配给董事会来行使。再如,有限责任公司股东会的议事规则为法定记载事项,但依据《公司法》规定,股东会会议作出修改公司章程、增加或者减少注册资本的决议的,必须由经代表2/3以上表决权的股东通过;这一规定的内容也是公司章程中的强制性条款,公司章程不能自行变更。

任意记载事项中的强制性条款,是指非法定记载事项下相关条款的内容是由法律直接规定的。如股份有限公司股东大会的议事规则为公司章程的任意记载事项,但《公司法》规定股东大会作出修改公司章程、增加或者减少注册资本的决议,以及公司合并分立、解散或者变更公司形式的决议,必须经出席会议的股东所持表决权的2/3以上通过,这一规定的内容也是公司章程任意记载事项下的强制性条款。

(2)授权性条款

公司章程的授权性条款,是指《公司法》明确授权由公司章程进行规范的条款,其同样也分为法定记载事项中的授权性条款和任意记载事项中的授权性条款。《公司法》修改后的一大变化就是在倡导公司自治的理念指导下,赋予公司最大的自治权。体现这种自治权的载体就是法律授权公司章程可以在法定事项以外,根据公司的实际经营情况和公司治理结构的需要来设定公司的相关经营和治理要素。

例如,《公司法》第12条授权,公司的经营范围由公司章程规定;《公司法》第13条授权,公司法定代表人依照公司章程的规定,由董事长、执行董事或者经理担任。授权性涉及有限责任公司和股份有限公司的诸多方面。公司章程依据《公司法》

的授权所制定的相应规定，对相关主体会产生相应的法律效果。

(3)指引性条款

公司章程的指引性条款，是指依据《公司法》对相关内容的概括性规定的指引而设定的公司章程的条款。这种条款的特征是，其不是《公司法》明确设定的权利义务规范，也不是《公司法》授权公司章程制定的规范，只是公司章程在记载相关对象时，参考《公司法》的规定制定的。即《公司法》为公司章程的内容制定提供一个指引，设定上限或者下限；公司章程在规定这些方面的内容时除授权章程可以另行约定的以外，不能突破《公司法》规定的上限或者下限。

例如，有限责任公司的出资方式不能设定为法律许可的实物、知识产权、土地使用权以外的形式，即不能以信用、劳务等方式出资。公司章程中的指引性条款是依据《公司法》的指引作出的，该条款在不突破《公司法》设定的上限或下限的情况下是合法有效的，对相关主体具有法律约束力。

(4)任意性条款

公司章程的任意性条款，是指既非法定记载的事项和内容，也非《公司法》授权和指引产生的条款，完全是由公司根据实际情况在不违反强行法的前提下自由设定的条款。如关于公司相关文件冲突的效力顺序的规定(规定章程、股东名册、设立协议之间的效力顺序)等。

2. 章程中的特别约定

对于成熟期的公司而言，公司章程是否可以在《公司法》许可的范围内作出一些特别约定？笔者建议公司从以下条款着手，以更有利地提高公司决策效率以及体现个性化的章程设计。

(1)约定持股比例可以与出资比例不一致

尽管《公司法》并未明确规定股东持股比例可以由公司章程进行约定，但在司法实践中这是得到认可的。在深圳市启迪信息技术有限公司与郑州国华投资有限公司、开封市豫信企业管理咨询有限公司、珠海科美教育投资有限公司股权确认纠纷一案[最高人民法院民事判决书(2011)民提字第6号]中，最高人民法院认为：股东认缴的注册资本是构成公司资本的基础，但公司的有效经营有时还需要其他条件或资源，因此，在注册资本符合法定要求的情况下，我国法律并未禁止股东内部对各自的实际出资数额和占有股权比例做出约定，这样的约定并不影响公司资本对公司债权担保等对外基本功能的实现，并非规避法律的行为，应属于公司股东意思自治的范畴。如该约定是各方当事人的真实意思表示，且未损害他人的利益，不违反法律和行政法规的规定，应属有效，股东按照约定持有的股权应当受到法律的保护。

基于上述理由，实践中股东之间签订的配送干股的协议原则上也是有效的，自然人或者法人没有出资成为公司干股股东在司法实践中也是被认可的。但为了避免股东之间就利益分配等问题发生争议，如果公司选择向其他自然人或法人配送干股，建议在公司章程中对于干股股东的权利义务以及干股取得条件进行明确约定。

(2)明确股东表决权行使方式及表决权排除规则

《公司法》第42条规定,股东会会议由股东按照出资比例行使表决权;但是,公司章程另有规定的除外。因此,对于股东如何行使表决权,股东可在公司章程中作出有别于《公司法》的规定。

另外,根据《最高人民法院关于适用〈中华人民共和国公司法〉若干问题的规定(三)》第17条规定,有限责任公司的股东未履行出资义务或者抽逃全部出资,经公司催告缴纳或者返还,其在合理期间内仍未缴纳或者返还出资,公司以股东会决议解除该股东的股东资格,该股东请求确认该解除行为无效的,人民法院不予支持。

在上海某国际贸易有限公司、宋某与杭州某贸易有限公司公司决议效力确认纠纷一案[案号:(2014)沪二中民四(商)终字第1261号]中,上海市第二中级人民法院明确:对于该股东除名决议,该未出资股东不具有表决权(即便该股东系控股股东)。因此,虽然对于未履行出资义务的股东,公司对其作出股东除名的股东会决议时可排除该股东的表决权,但股东除名对股东而言无疑是最严重的处罚,需要审慎适用。为了避免就此发生争议,股东可事先在公司章程中对于此种情况下股东表决权排除规则的适用作出特别规定。

第一,公司需要先行催告股东缴纳或返还出资并给予合理期间。只有在经催告后在合理期限内该股东仍未缴纳或返还出资的,公司才可召开临时股东会审议该股东的除名事项。

第二,公司需要通知未出资股东参加股东会并允许其申辩。

公司不能以某股东对股东会审议的事项有利害关系而不具有表决权为由,不通知其参加该股东会议,而应当给予该股东参会并且对此作出申辩的权利。

第三,公司应当及时办理法定减资程序或者由其他股东或第三人认缴相应的出资。《公司法》第 26 条规定:有限责任公司的注册资本为在公司登记机关登记的全体股东认缴的出资额。当未履行出资义务的股东被除名时,其认缴的出资额如果没有其他股东或第三人愿意认缴,则公司注册资本应相应减少,按规定应办理减资程序,以维护该公司对外交易安全。

(3)明确股东分红比例、认缴新增注册资本比例可与出资比例不一致

《公司法》第 34 条规定,股东按照实缴的出资比例分取红利;公司新增资本时,股东有权优先按照实缴的出资比例认缴出资。但是,全体股东约定不按照出资比例分取红利或者不按照出资比例优先认缴出资的除外。

比如,就新增注册资本的优先认缴权来说,根据上述规定,一方面,除非公司章程或者全体股东另有约定,否则股东对新增注册资本的优先认缴权是不可被排除或剥夺的;另一方面,除非全体股东另有约定,有限责任公司新增注册资本时股东优先认缴出资的权利以及该权利的行使范围以其实缴的出资比例为限,股东对其他股东放弃的优先认缴份额不享有优先购买权。这是《公司法》在保障公司自由发展和保护原股东利益之间所作的平衡。对此,公司可以在公司章程中明确股东优先认缴权的行使规则及行使期限。

(4)明确约定不同于《公司法》规定的股权转让特殊规则

《公司法》第71条规定,有限责任公司的股东之间可以相互转让其全部或者部分股权。股东向股东以外的人转让股权,应当经其他股东过半数同意。股东应就其股权转让事项书面通知其他股东征求同意,其他股东自接到书面通知之日起满30日未答复的,视为同意转让。其他股东半数以上不同意转让的,不同意的股东应当购买该转让的股权;不购买的,视为同意转让。经股东同意转让的股权,在同等条件下,其他股东有优先购买权。两个以上股东主张行使优先购买权的,协商确定各自的购买比例;协商不成的,按照转让时各自的出资比例行使优先购买权。公司章程对股权转让另有规定的,从其规定。

《公司法》之所以对股东对外转让股权要求其余股东同意并享有优先购买权,主要是基于对有限公司人合性和股权自由转让两种价值理念的平衡。随着市场经济的发展,实践中公司情况不一、股东需求各异,因此应当尽量减少对公司自治的干预,由股东通过公司章程自行设计其需要的治理规则,通过公司章程事先自由安排转让股东与剩余股东间二者的利益分配。

(5)明确排除股东资格的继承

《公司法》第75条规定,自然人股东死亡后,其合法继承人可以继承股东资格;但是,公司章程另有规定的除外。

为了强调有限公司的人合性,保持公司股权的稳定性,公司章程可以排除股东资格的继承,以向其他股东转让股权等形式予以替代。

公司章程既是有限责任公司设立的必备条件,也是有限责任公司治理、运营的制度设计与安排。一份详细、周全、合法的公司章程既能保障公司的正常运营,也能保障全体股东的合法权益。因此,在出资设立有限责任公司并制定公司章程时,需要考虑周全、个性化制定,而不能简单照搬《公司法》的规定。

(六)股权结构设计2.0

1. 传统公司股权结构

股权结构有不同的含义和分类,一般来讲,股权结构有两层含义:

第一层含义是指股权集中度,即前五大股东持股比例。从这个意义上讲,股权结构有三种类型:一是股权高度集中,绝对控股股东一般拥有公司股权的50%以上,对公司拥有绝对控制权;二是股权高度分散,公司没有大股东,所有权与经营权基本完全分离,单个股东所持股份的比例在10%以下;三是公司拥有较大的相对控股股东,同时还拥有其他大股东,所持股份比例在10%与50%之间。

第二层含义是股权构成,即各个不同背景的股东集团分别持有股份的多少。在我国,就是指国家股东、法人股东及社会公众股东的持股比例。从理论上讲,股权结构可以按企业剩余控制权和剩余收益索取权的分布状况与匹配方式来分类。从这个角度来看,股权结构可以被区分为控制权不可竞争和控制权可竞争的股权结构两种类型。在控制权可竞争的情况下,剩余控制权和剩余索取权是相互匹配的,股东能够并且愿意对董事会和经理层实施有效控制;在控制权不可竞争的股权结构中,企业控股股东的控制地位是锁定的,对董事会和经理层的监督作用将被削弱。

2. 不同比例股权对控制权的影响

众所周知,拥有股权就拥有"话语权",其在公司股东会上的表现就是"表决权"。

不同持股比例对控制权的影响如下表所示:

持股比例	地位	影响
≥67%	绝对控制权	一般来说,股东大会上的决议只需要表决权过半即能通过,但是表决权超过67%(即超过2/3)可以作出以下重大决议: (1)修改公司章程; (2)增加或者减少注册资本的决议; (3)公司合并、分立、解散或者变更公司形式等。
≥51%	相对控制权	除上述事项外,拥有51%及以上(即超过一半)股权绝对控股的股东可以通过绝大多数的决议。
≥34%	一票否决权	《公司法》规定重大决议必须由2/3以上表决权的股东通过,所以拥有或总计拥有34%及以上的股东们对决议有异议时,可以一票否决。
≥10%	解散公司的请求权	公司经营管理发生严重困难,继续存续会使股东利益受到重大损失,通过其他途径不能解决的,持有公司全部股东表决权10%以上的股东,可以请求人民法院解散公司。

股权比例分配是公司运营稳定的基石。一般而言,创业初期股权分配比较明确,结构比较单一,几个投资人按照出资多少分得相应的股权。但是,随着企业的发展,必然有进有出,在分配上也很容易产生各种利益冲突。公司实际运作中还可能

存在隐名股东、干股等特殊股权，这些不确定因素加剧了公司运作的风险。当公司运作后，各种内部矛盾凸显，在矛盾中股东维护自身利益的依据就是股权比例和股东权利。实践中，许多中小投资者忽视股权比例和股东权利的调整，最后在公司内部矛盾中陷于进退两难的境地，而这种局面也把公司推向风险损失的边缘。

3. 对公司控股的实现方式

取得控股股东地位的简单方式，一是直接实际出资达50%以上，这是最有效的方式；二是直接实际出资没有达到50%，但股权比例最大，再通过吸收关联公司股东、密切朋友股东、近亲属股东等形式，以联盟形式在公司形成控股局势。

以上两种方式，均是在同股同表决权基础上进行的简单设计。另外，还有表决权设计变更的控股股东。

股东之间没有利害关系，实际出资也未达到50%以上，不能形成股东之间的联盟，这种情况下，如何对公司进行控股？这就需要在公司成立之初，在公司章程的起草方面下功夫。通过公司章程来扩大己方的表决权数，这样的设计就突破了同股同表决权的常例。要实现这个股权设计的目的，一般情况下是己方有一定的市场优势、技术优势或管理优势，通过这些优势弥补投资资金上的不足，换取表决权。现实操作中，很多技术型、市场型、管理型投资者忽略这点，而使自己在公司的后续运作中难以施展手脚，从而使已有的技术、市场和管理优势未在公司运作中实现利益最大化。

这种股权结构设计需要突破《公司法》的常规要求，在实际中需要做细致的操作设计方可达到有效的后果。

4. 股权激励下的新型股权结构[①]——华为的成功与其特殊的股权结构

华为技术有限公司(以下简称华为)至今没有上市,华为的老板任正非持华为股份的1.42%,华为的员工持股98.58%。任正非的老板身份唯一的特权就是拥有一票否决权。员工股份除了是自己出资认购的以外,对华为公司作出了重大贡献者可以奖励股份。这项制度或许是成就华为的关键。华为的员工在股权的激励下,人人争先。

对一个公司来说,创新是非常重要的。创新的基础就是人才,华为拿出了自己的股权去引进高端人才。这些人才包括管理、技术、研究,等等。在市场经济的大前提下,最能吸引人的就是财富。而华为恰恰是不吝资本,将自己的股权拿出来吸引人才的入驻。

华为员工成立了华为投资控股有限公司工会委员会,截至2015年12月31日,该委员会有79 563人,均为华为的员工。华为的内部持股制度对吸引人才的作用是非常明显的。过去华为有种“1+1+1”的说法,即员工的收入中,工资、奖金、股票分红的收入比例是相当的。而其中股票在当员工进入公司1年以后,依据员工的职位、季度绩效、任职资格状况等因素来进行派发,一般是用员工的年度奖金来购买。如果新员工的年度奖金还不够派发的股票额,公司会贷款给员工。而员工也是很乐

① 具体见本书关于股权激励章节。

意接受这种贷款，因为分红的比例历年以来都保持在70%的高位。

华为的最高权力机构是股东会，但是这个股东会跟别的企业的股东会是有区别的，该股东会由工会和2名股东组成。而董事会作为公司战略和经营管理的决策机构，董事会17名成员均是由全体持股员工投票选出的。

从以上资料可以推论，华为的成功与其特殊的股权结构是不可分割的。民营企业主和鼓励员工持有公司股份对华为的成功具有重大意义，对现在的企业发展也具有极为重要的参考价值。

第三节 分支机构与子公司

随着企业的成长，企业的规模需要随之扩大，此时新的企业模式十分关键。一般有总分公司和母子公司两类。其中有三个因素应当综合考虑：

首先是盈亏情况。当总公司盈利，新设置的分支机构可能出现亏损时，应当选择总分公司模式。因为根据税法规定，分公司是非独立纳税人，其亏损可以由总公司的利润弥补；而如果设立子公司，由于子公司是独立纳税人，其亏损只能由以后年度实现的利润弥补，且总公司不能弥补子公司的亏损，也不得冲减对子公司投资的投资成本。当总机构亏损，新设置的分支机构可能盈利时，应当选择母子公司模式；子公司不需要承担母公司的亏损,可以自我积累资金求得发展,总公司可以把其效益好的资产转移给子公司,把不良资产处理掉。

其次是享受税收优惠的情况。按照税法规定,当总机构享受税收优惠而分支机构不享受优惠时,可以选择总分公司模式,使分支机构也享受税收优惠待遇。如果分公司所在地有税收优惠政策,则当分公司开始盈利后,可以变更注册分公司为子公司,享受当地的税收优惠政策,这样会收到较好的纳税效果。

最后是分支机构的利润分配形式及风险责任问题。分支机构由于不具有独立法人资格,所以不利于进行独立的利润分配。同时,分支机构如果有风险及相关法律责任,可能会牵连到总公司,而子公司则没有这种担忧。

(一)企业设立分支机构及相关法律问题

公司设立分支机构,要根据《公司登记管理条例》的规定进行登记。

1. 分支机构的类型

企业的分支结构有两种:一种为分公司,另一种为办事处。分公司是指公司在其住所以外设立的从事经营活动的机构。分公司不具有企业法人资格。其登记事项包括:名称、营业场所、负责人、经营范围。分公司的名称应当符合国家有关规定,经营范围不得超出公司的经营范围。办事处的职能要比分公司的少得多,办事处不具有经营资格,也就是办事处是不能申请领取营业执照的。分公司可以以自己的名义进行营利性的贸易、投资活动，而办事处则不能。办事处的职责仅仅是联络、了解分析市场行情、参与商务谈判等。此外，分公司、办事处的税收待遇不同，主要体现在所得税和流转税上。

从企业所得税来看，办事处不能从事经营活动，没有业务收入，所以是无须缴纳企业所得税的。而分公司是可以从事经营活动的，因此分公司需要缴纳企业所得税，且分公司的经营活动必须在当地缴纳增值税。另外，一般来说汇总纳税优于独立纳税，因为总公司和分公司的盈亏可以相互弥补。

2. 分支机构的纳税管理

(1)就地预缴

根据相关规定，我国企业实行“统一计算、分级管理、就地预缴、汇总清算、财政调库”的企业所得税征收管理办法。

企业总机构统一计算包括分支机构在内的全部应纳税所得额、应纳税额。但总机构、分支机构都受所在地的主管税务机关管理。在每个纳税期间，总机构、分支机构应分月或分季分别向所在地主管税务机关申报预缴企业所得税。等年度终了后，总机构负责进行企业所得税的年度汇算清缴，统一计算企业的年度应纳所得税额，抵减总机构、分支机构当年已就地分期预缴的企业所得税款后，多退少补税款。这样一来，就为分支机构合理节税提供了政策依据和保障。

当企业设立分支机构时，由于设立初期分支机构面临高昂的成本支出，所以亏损的概率较高，通常采用分公司的形式较为合适，可以享受和总部收益盈亏互抵的好处。经过两三年的经营期间，分公司开始转亏为盈时，再把分公司变更注册为子公司，这样可以降低分支机构对总机构的法律影响。

(2)不就地预缴

根据财政部、国家税务总局、中国人民银行关于印发《跨省市总分机构企业所得税分配及预算管理办法》的通知(财预〔2012〕40号)等相关文件规定，一些分支机构不需要就地预缴企业所得税。这为总部和分公司汇总纳税提供了更为优越的条件，可以更好地享受总分机构汇总纳税政策，避免了因分公司就地预缴企业所得税而造成货币时间价值的损失。譬如：

①三级及以下分支机构不就地预缴企业所得税，其经营收入、职工工资和资产总额统一计入二级分支机构。

②不具有主体生产经营职能且在当地不缴纳营业税、增值税的产品售后服务、内部研发、仓储等企业内部辅助性的二级分支机构以及上年度符合条件的小型微利企业及其分支机构。

③新设立的分支机构，设立当年不就地预缴企业所得税。

④撤销的分支机构，撤销当年剩余期限内应分摊的企业所得税款由总机构缴入中央国库。

(二)企业设立子公司及相关法律问题

子公司，是指部分或全部股权被另一公司控制，或依照签订的协议被另一公司实际控制或者支配的公司。子公司合法拥有自己所有的财产、公司名称、章程及董事会，可以自己开展经营活动，独立承担公司行为所产生的一切后果和责任，但涉及重大项目决策或者重大人事变更时，须由母公司决定。

按照母公司出资比例的不同，可以作以下分类：

	全资子公司	绝对控股子公司	控股子公司	参股子公司
母公司出资比例	100%持股	持股在67%以上	持股在50%以上	持股未达到50%

不同的持股比例，对子公司的控制权大小不一，具体见本书“股权结构设计2.0”部分。

（三）分支机构与子公司的比较

分支机构与子公司的比较，如下表所示：

	分支机构（主要指分公司）	子公司
定义	指在业务、资金、人事等方面受母公司管辖，是总公司下属的直接从事业务经营活动的机构或附属机构。	指一定数额的股份被另一公司控制或依照协议被另一公司实际控制、支配的公司。
区别	不具有法人资格	具有独立法人资格
	没有独立的财产	拥有独立财产
	由母公司承担责任	以自己的名义独立承担民事责任
	不具有独立名称、章程等	有独立的名称
	完全听从母公司的管理	独立从事经营管理
	税务上适用总分机构相关政策，接受所在地主管税务机关的监督和管理。	实行独立核算并独立申报纳税，是完全独立的纳税人，承担全面的纳税义务。

第四节　企业知识产权保护2.0

(一)商标宽展期及相关法律问题

1. 商标宽展期的含义及法律规定

我国《商标法》第40条规定:注册商标有效期满,需要继续使用的,商标注册人应当在期满前12个月内按照规定办理续展手续;在此期间未能办理的,可以给予6个月的宽展期。每次续展注册的有效期为10年,自该商标上一届有效期满次日起计算。期满未办理续展手续的,注销其注册商标。商标局应当对续展注册的商标予以公告。也就是说,商标续展注册申请自商标有效期满前12个月至有效期满后的6个月内皆可提出,商标局均予以接受。期满前的12个月一般称为续展申请期,有效期满后的6个月称为续展宽展期,在宽展期内提出的续展注册申请,申请人除缴纳续展注册申请费外还应按规定缴纳迟延费。

2. 商标续展申请流程

申请所须提交的材料:

①《商标续展注册申请书》一份;

②《商标代理委托书》一份,申请人签字/盖章;

③申请人如是公司,需提交《营业执照》复印件一份,如是个人,需提交身份证复印件一份;

④商标注册证书复印件一份。

（二）专利续费及相关法律问题

根据《专利法实施细则》第2条规定，“专利法和本细则规定的各种手续，应当以书面形式或者国务院专利行政部门规定的其他形式办理”。专利续费必须严格按照法律规定和法定程序缴纳，在专利申请被知识产权局批准授予专利权后，专利权人应按时向知识产权局缴纳年费。发明专利、实用新型专利、外观设计专利的年费标准不同，但续费期限和方法是相同的。

缴纳专利年费的年度计算与发明专利维持费的年度计算方法是相同的。《专利法实施细则》第5条规定：“专利法和本细则规定的各种期限的第一日不计算在期限内。期限以年或者月计算的，以其最后一月的相应日为期限届满日；该月无相应日的，以该月最后一日为期限届满日；期限届满日是法定休假日的，以休假日后的第一个工作日为期限届满日。”所以，缴纳年费的年度是从专利申请日起算至下一年的同一日，满一年称为一个年度。自申请日起算，当年为第一年度，第几年就为第几年度，年费在到期日前一个月内缴纳。

（三）专利的实施许可、转让及相关法律问题

专利实施许可又称专利许可证贸易，是指专利技术所有人或其授权人许可他人在一定期限、一定地区、以一定方式实施其所拥有的专利，并向他人收取使用费用。《专利法》第12条规定，“任何单位或者个人实施他人专利的，应当与专利权人订立实施许可合同，向专利权人支付专利使用费。被许可人无权

允许合同规定以外的任何单位或者个人实施该专利”,奠定了专利实施许可合同在专利许可实施中的基础性地位。

根据我国《合同法》第 344 条,“专利实施许可合同只在该专利权的存续期间内有效。专利权有效期限届满或者专利权被宣布无效的,专利权人不得就该专利与他人订立专利实施许可合同。”根据《专利法》第 42 条,“发明专利权的期限为二十年,实用新型专利权和外观设计专利权的期限为十年,均自申请日起计算”。在专利权有效期限届满或专利权被宣布无效后,专利权人不得就该项专利与他人订立专利实施许可合同。

由此可知,专利实施许可合同的转让人应当在合同有效期内维持专利的有效性。在合同有效期内,专利权被终止的,合同同时终止,转让人应当支付违约金或者赔偿损失。如果合同期间专利权被宣布无效的,转让人应当赔偿由此给受让方造成的损失,但已经给付的使用费可以不再返还。

技术贸易中,专利实施许可呈现比重增大、复杂性强的特点,技术实施许可合同也比其他合同繁琐,签订技术实施许可合同不仅需要熟悉法律法规,还要分析专业技术,签订一份相对完善的专利实施许可合同,绝非易事。据某地登记备案技术合同的统计,合格和基本合格的占 78%,不合格的占 14%,无法履行的占 8%;在不合格和无法履行的技术合同中,主体不合格的占 22%,条款不合格的占 32%,无违约责任的占 46%。某地高院受理的技术合同纠纷案中,90% 由于技术合同条款不完备或未做约定,导致双方当事人产生合同纠纷,对簿公堂。由此可见,签订好一份专利实施许可合同,不仅是技术问题,更是法律问题。

作为技术合同的一部分，专利实施许可合同的订立、履行、变更、解除以及纠纷解决，受到《合同法》的调整。《合同法》对专利实施许可合同作了原则性规定，《最高人民法院关于审理技术合同纠纷案件适用法律若干问题的解释》也对专利实施许可合同作了进一步规定。

专利实施许可合同的标的，是当事人订立合同时许可方已掌握的“特定”和“现有”技术成果，这些技术成果是符合特别规定，受法律确认和法律保护的技术权益，如专利申请权、专利权、专利实施权等，这些“特定”和“现有”技术成果同时受到《专利法》保护。

需要注意的是，许可方往往在实施专利技术许可的同时，许可专有技术。专有技术是尚未公开、仍处于保密状态的技术，也是技术合同的标的，受《合同法》保护。如果把专有技术上升到技术秘密的高度，还将受到《反不正当竞争法》等法律法规的保护。

（四）商标的使用许可、转让及相关法律问题

随着国内知识产权法律体系的完善和知识产权保护意识的觉醒，商标使用许可已经变成注册商标所有权人发挥其商标效用价值的一种重要形式。商标就是我们平时生活中所称的“牌子”，是一种极其普遍却又极其重要的标志，它是用于区别经营者所提供的商品或服务的识别性标记。我国《商标法》明确要求申请注册的商标必须具有显著性。商标权是商标权人根据

法律的规定对其商标所享有的权利，商标权的主体是注册商标权人。商标权是一种支配权，具有地域性和时间性。

商标核准注册后，商标注册人享有商标专用权、禁用权、许可使用权、转让权等权利。商标权作为一种私权利，可以随权利人的意志进行处分。商标的使用许可和转让是商标权人可自由选择的两种注册商标流转方式。注册商标使用许可，是指商标注册人在保留商标专有权的情况下，允许他人在一定期限内使用其注册商标。注册商标的转让，是指商标权依照法律规定的条件和程序从一个主体转移给另一个主体的法律行为。商标转让是商标注册人在注册商标的有效期内，依法定程序，将商标专用权转让给另一方的行为。

1. 商标的使用许可

注册商标的使用许可，通常是以订立使用许可合同的方式进行，即发放授权书或许可证。在使用许可关系中，商标权人或授权使用商标的人为许可人，另一方为被许可人。实际中，商标使用许可合同有的是独立的许可协议，也有相当一些是包含在其他合同中的商标使用许可条款，如附随于技术转让、特许经营等合同的商标使用规定。

注册商标的使用许可形式有以下三种：

(1)普通许可。即许可人允许被许可人在规定的地域范围内使用合同项下的注册商标。同时，许可人保留自己在该地区内使用该注册商标和再授予第三人使用该注册商标的权利。

(2)独占许可。即在规定地域范围内，被许可人对授权使用的注册商标享有独占使用权，可对抗商标所有人的独家使用。许可人不得再将同一商标许可给第三人，许可人自己也不得在该地域内使用该商标。被许可人的法律地位相当于“准商标权人”，当在规定地域内发现商标侵权行为时，被许可人可以以“利害关系人”身份直接起诉侵权者。

(3)排他许可。即商标权人和被许可人使用的并行。在此种情况下，除许可人给予被许可人使用其注册商标的权利外，被许可人还可享有排除第三人使用的权利。即许可人不得把同一许可再给予任何第三人，但许可人保留自己使用同一注册商标的权利。排他许可仅仅是排除第三方在该地域内使用该商标。

2. 商标的转让

商标转让一般有以下几种形式：合同转让、继受转让、因行政命令而发生的转让。注册商标的转让，可以是商标权人死亡、企业破产等引起的商标权继承式地转移，也可以是通过合同转让引起的转移。

商标转让有以下几个特征：①将注册商标转让给他人的，应当到国家商标局办理注册商标的转让手续；②因企业合并、兼并或改制而发生商标专用权移转的，应当到国家商标局办理注册商标的移转手续；③依法院判决发生商标专用权移转的，也应当办理移转手续；④转让商标时需将其在同一种或者类似商品上注册的相同或者近似的商标作一并转让。

3. 相关问题

商标的使用许可和转让都是双方当事人在自愿、平等、协商一致基础上发生的民事法律行为，双方当事人依法享有法定的各项权利。商标的使用许可和转让并不会影响商标自身的存在，只要注册商标仍在有效期内且未按照法定程序注销，商标本身的权利不受丝毫影响。商标的使用许可和转让，都应该按照一定程序进行公示，以维护市场经济的秩序，保护其他相关人员的合法权利。由《商标法》第42条的规定可知：①商标的转让，双方当事人必须签署转让合同，再共同向国家商标局提出申请，经过核准后，注册商标的相关权利发生转移；②我国强制系列商标同时发生转让；③导致混淆和其他不良影响的转让不予核准；④商标权发生转让的时间为公告之日。此外，《商标法》第43条规定，经许可使用他人注册商标的，必须在使用该注册商标的商品上标明被许可人的名称和商品产地。许可他人使用其注册商标的，许可人应当将其商标使用许可报商标局备案，由商标局公告。商标使用许可未经备案不得对抗善意第三人。

（五）著作权的许可使用、转让及相关法律问题

著作权的转让，是著作权人在著作权保护的有效期内，将著作权中的财产权的全部或部分权利让渡给第三人。自转让协议生效之日，著作权人就失去了所转让的权利。

著作权的许可使用，是著作权人在著作权的有效保护期内，许可他人以一定方式使用作品。受让人仅仅取得了相关权利的使用权，著作权人并没有失去所许可的权利。

1. 著作权许可使用产生的法律后果

①著作权许可使用时，著作权人与被许可人签订的是许可使用合同。

②著作权许可使用中,使用者获得的是相关权利的使用权。

③著作权许可使用中,使用者只能按许可合同约定的方式使用,不能将所获得的权利再转让,除特别约定外,也不得再许可他人使用。

④著作权许可使用中,由于著作权人并未失去被许可权利的所有权,其可以从时间和空间上限制被许可人的使用。

2. 著作权转让产生的法律后果

①著作权转让时,转让人与受让人签订的是转让合同。

②著作权转让后,受让人直接获得相关权利的所有权。

③著作权转让后,受让人不仅可以自己使用权利,还可以将权利再转让或者许可给他人。

④著作权转让后,转让人不能限制著作权使用的期限或者地域。

⑤著作权转让后,被侵权时,受让人可以自己提起诉讼。

3. 著作权转让和许可中的注意问题

(1)转让和许可使用的抵触

著作财产权转让和许可时,可以转让和许可其中一项或几项权利,也可以转让和许可所有权利。甚至同一权利也可以以不同的方式进行转让和许可。当相同的著作财产权以不同方式许可和转让给不同的主体时,各受让主体之间就容易发生抵触。

对于著作权转让和许可使用抵触的处理问题,我国《著作权法》未作规定,只是在《著作权法实施条例》第25条规定:“与著作权人订立专有许可使用合同、转让合同的,可以向著作权行政管理部门备案。”

(2)发生侵权后著作权转让和许可使用的诉权分配

对于著作权转让合同,侵权发生后权利人主张权利时的诉权分配应以著作权转让合同签订的时间为界限。在著作权转让合同签订之前发生的侵权,应当由转让人(原著作权人)主张权利;在著作权转让合同签订之后发生的侵权,则应当由受让人主张权利。

对于著作权许可使用合同,由于著作权归属并未发生任何变化,而所谓的使用权,其本质是一种合同债权,是相对权,故依照一般的民法原理,被许可人不能成为被侵权的对象。因此,依传统的观念,著作权许可使用合同中的被许可人并非适格的原告。但在司法实践中,被许可人作为原告诉讼的案例并不少见。

一般认为,当侵权人侵犯使用权时,专有许可使用合同中的被许可人可以作为原告。因为在专有许可使用的情况下,被许可人已经取得了限制其他任何人以同样方式使用作品的权利,而第三人以同样方式使用作品的行为,将对被许可人的独占利益造成损失;同时,著作权人在授予被许可人专有许可使用后,其本身也不能以与被许可人同样的方式使用作品,故著作权人已经丧失获得经济利益的权利依据,自然也就丧失请求侵权损害赔偿的诉讼权利。当然,作为原始著作权人,其尚存在侵权的权利依据。

在普通许可使用的情况下,被许可人不应作为适格的原告。因为被许可人仅取得了使用的权利,其无权禁止他人使用,也不因他人的使用而受到损失，因此，被许可人无权单独提起诉讼。

第五节　企业融资

（一）股权融资及相关法律问题

1. 股权融资是什么

股权融资，从法律上来说，指的是股东转让股权以获取投资的行为，或公司增加注册资本以获取投资的行为。目前常说的“天使轮投资”“A轮投资”“B轮投资”等指的就是股权融资。股权融资最直接的结果就是，股东变更（或增加），股权比例发生变化（通常是创始股东比例下降）。

以增资为例（例1）。某网络科技公司原注册资本100万元，股权结构如下：

股东A	持股20%	20万元
股东B	持股30%	30万元
股东C	持股50%	50万元

后某该公司通过股权融资50万元，注册资本增加为150万元，股权结构变为：

股东A	持股13.3%	20万元
股东B	持股20%	30万元

股东 C 持股 33.3% 50 万元

投资人 持股 33.3% 50 万元

可以看到，该公司在股权融资完成后，股权比例发生了变化。这将会产生相应的法律后果。根据我国《公司法》的规定，除某些特别重大的事项（如决议解散公司）外，股东会的投票规则采取“少数服从多数”原则，股东按照出资比例行使表决权，表决权超过 50% 即能形成决议。

在该公司原来的股权结构中，只有股东 C 与股东 A 或股东 B 表决一致，表决权才能超过 50%，才可以形成股东会决议。但在股权融资过后，投资人只要能说服股东 B 或者股东 C，其累计的表决权就能超过 50%，投资人由此对公司经营决策具备较大的影响力。

会发生这个结果的原因就在于，该公司在股权融资时给了投资人较多的股权比例。

因此，在实际的股权融资项目中，创始股东通常不会给予投资人较多的股权比例。这通常会涉及估值与资本公积两个概念。

2. 资本公积与估值

还是以该公司为例（例 2），创始股东与投资人共同委托了估值机构，最终的投后估值结果是 500 万元。那么，股权融资的 50 万元之于估值的 500 万元，比例只有 10%。于是创始股东与投资人约定，股权融资后，投资人占公司 10% 的股权比例。股权融资的 50 万元分成两部分，一部分计入公司的注册资本（11.1 万元），另一部分进入资本公积（38.9 万元）。该公司的股权结构则变为：

股东 A	持股 18%	20 万元
股东 B	持股 27%	30 万元
股东 C	持股 45%	50 万元
投资人	持股 10%	11.1 万元

(1) 资本公积。上例举的是以增资方式完成的股权融资，通常会有一部分资金作为股本溢价计入资本公积金。在股权转让模式下，同样也可以将股权转让的溢价款计入资本公积金。需注意的是，根据我国《公司法》的规定，通过股权融资获得的资本公积只能用于扩大生产或增加公司资本，不得用于向股东分配，也不得用于弥补公司的亏损。

(2) 估值。一家企业的估值一般有如下方法：

①对标类似企业。即参考市场上同行业企业的估值，确定对标的公司的估值。

②博克斯法。这种方法是由美国人博克斯首创的，做法是对所投企业根据下面的公式来估值：

一个好的创意	100 万元
一个好的盈利模式	100 万元
优秀的管理团队	100～200 万元
优秀的董事会	100 万元
巨大的产品前景	100 万元

③风险因素打分法

风险因素打分法可以从多个维度对企业进行评估和打分，

包括：

管理风险

目标企业发展阶段风险

政治风险

生产风险

销售和营销风险

融资风险

竞争风险

技术风险

诉讼风险

声誉风险

可能的退出风险

投资人根据上述这些维度，逐项对企业进行打分（从 -2 分至 +2 分），并对标类似企业的估值，每增加 1 分，相应提高 50～150万元的估值。

（3）P/E 市盈率

市盈率，是指投资一家企业在多少年后可以收回投资成本。市盈率 = 公司市值（通常是注册资本）÷ 每年预计净利润。确定一个每年预计净利润，再确定一定的市盈率倍数，就能够计算出一个估值。

需要注意的是，在股权融资时，估值会影响投资人将来会持有的公司股权比例，也会影响业绩对赌条款的金额，还会影响下一轮的融资估值，等等。而公司的估值通常会有一定的主观因素成分，因此融资方要对估值有理性的看待，绝不是越高越好。

3. 股权融资协议的常见条款

(1) 对赌条款

由于投融资双方信息的不对称，在投资时双方对于目标公司的估值往往难以达成一致。为了促成交易，双方可以以协商市盈率为标准，根据双方约定的目标净利润计算出相应的目标公司估值，从而根据拟认购的股权比例确定投资款金额，或者根据拟投资的金额，确定认购股权的比例（例2）。同时，双方在合同中设定对赌条件（如净利润标准），如果未来创始股东没有达到约定的对赌条件，视为股权价值被高估，则投资方有权要求融资方退回多收取的投资款或进行股权比例调整；如果超出标准，视为股权价值被低估，则由投资方向创始股东补足价款或进行反向股权调整。

(2) 反稀释条款

股权分配的多少与股东的权利紧密相关，股权融资的过程就是创始人的股权被不断稀释的过程（例1）。对于投资人而言，因为公司可能会存在后续的多轮融资，投资人成为股东获得的股权也有可能会被稀释，因此反稀释条款应运而生。它指的是在公司降价融资的情况下，如何补偿投资人以防止投资人股权被稀释。降价融资是指后一轮融资时的公司估值小于前一轮的估值，导致前一轮的投资人有一种“买亏了”的感觉。反稀释条款（如“优先购买权”）常见的表述为，当公司在进行B轮融资时，目前的A轮投资人有权选择继续投资获得至少与其当前股权比例相应的新股，以使A轮投资人在公司中的股权比例不会因为B轮融资而降低。

(3)成熟条款

成熟条款较多地适用于种子期或初创期。其指的是,创始股东所能获得的股权伴随着一定的成熟条件,当条件成熟时,创始人能够获得约定的股权,但如果条件尚未成熟,则创始人无法获得股权。

该条款常见的表述为,创始人所持有公司全部股权自本协议签署之日起分 4 年成熟,每满 1 年成熟 25%。在股权未成熟前,如创始人主动从公司离职,因自身原因不能履行职务或因故意、重大过失被解职,则投资人有权要求创始人以 × 元人民币的价格转让其未成熟股权给投资人和其他创始人,投资人和其他创始人按照其在公司的持股比例受让此股权。

(二)债权融资及相关法律问题

债权融资,指的是企业通过借贷的方式进行融资。比如,常见的银行贷款就是债权融资,还有公司债券、企业间借贷、内部筹措等。

1. 公司债券

(1)公司债券的优点。虽然向银行等金融机构借款通常较为方便,能较快满足企业的资金需求,但信贷的期限一般较短,资金的使用范围往往受到严格的限制,有时信贷还附有一定的附加条件。而且,在企业经营情况不佳时,银行往往不愿意提供贷款。相对而言,企业发行债券所筹集的资金期限较长,资金使用自由,而且购买债券的投资者无权干涉企业的经营决策,现有股东对公司的所有权不变。

(2)公司债券的缺点。由于公司债券投资的风险性较大,发行成本一般高于银行贷款,还本付息对公司构成较重的财务负担。而且,企业发行债券的程序较于银行贷款更为复杂。

(3)公司债券的发行程序。根据《公司债券发行与交易管理办法》,公司非公开发行债券的程序如下:

①发行人股东会作出相关决议;

②发行人制作债券募集说明书(要依据审计报告、法律意见书);

③发行人全体董事、监事、高级管理人员在债券募集说明书上签字;

④发行人指定专项账户,用于公司债券募集资金的接受、存储、划转与本息偿付;

⑤发行人制定投资者适当性制度;

⑥向合格投资者募集(如名下金融资产不低于人民币300万元的个人投资者),人数不超过200人。发行人的董事、监事、高级管理人员及持股比例超过5%的股东不受合格投资者资质条件的限制;

⑦发行人寻找承销机构,签订承销协议;

⑧承销机构在发行完成后5个工作日内向中国证券业协会备案;

⑨发行人定时信息披露(按照债券募集说明书)。

2. 企业间借贷

在我国,企业与企业之间的借贷,按照央行1996年颁布的《贷款通则》和最高人民法院相关司法解释的规定,曾经一般以违反国家金融监管而被认定为无效。

2015 年 8 月 6 日，最高人民法院发布了《最高人民法院关于审理民间借贷案件适用法律若干问题的规定》，企业与企业之间的借贷得以合法化。但需要注意的是，企业间借贷（协议）在以下情况仍然可能会被认定为无效：

①企业间借贷的目的非生产、经营需要；

②套取金融机构信贷资金又高利转贷给借款人，且借款人事先知道或者应当知道的；

③以向其他企业借贷或者向本单位职工集资取得的资金又转贷给借款人牟利，且借款人事先知道或者应当知道的；

④出借人事先知道或者应当知道借款人借款用于违法犯罪活动仍然提供借款的。

3. 内部筹措

除了向外部进行融资外，企业现在还可以选择在公司内部筹措资金。《最高人民法院关于审理民间借贷案件适用法律若干问题的规定》第 11 条规定："法人或者其他组织在本单位内部通过借款形式向职工筹集资金，用于本单位生产、经营，且不存在合同法第五十二条[①]、本规定第十四条[②]规定的情形，当事

---

① 《合同法》第五十二条：有下列情形之一的，合同无效：（一）一方以欺诈、胁迫的手段订立合同，损害国家利益；（二）恶意串通，损害国家、集体或者第三人利益；（三）以合法形式掩盖非法目的；（四）损害社会公共利益；（五）违反法律、行政法规的强制性规定。

② 《最高人民法院关于审理民间借贷案件适用法律若干问题的规定》第十四条：具有下列情形之一，人民法院应当认定民间借贷合同无效：（一）套取金融机构信贷资金又高利转贷给借款人，且借款人事先知道或者应当知道的；（二）以向其他企业借贷或者向本单位职工集资取得的资金又转贷给借款人牟利，且借款人事先知道或者应当知道的；（三）出借人事先知道或者应当知道借款人借款用于违法犯罪活动仍然提供借款的；（四）违背社会公序良俗的；（五）其他违反法律、行政法规效力性强制性规定的。

人主张民间借贷合同有效的，人民法院应予支持。”

在使用这种融资方式时，应当注意：

①借贷的目的应用于本单位生产、经营；

②筹集资金的对象仅限于公司员工；

③慎重将向员工筹集的资金转贷给他人。

这种向员工筹集资金的融资行为最好通过签订借款协议的方式来进行，由员工作为出借人，企业作为借款人。

4. 借款协议的几个注意事项

(1) 利率

根据《最高人民法院关于审理民间借贷案件适用法律若干问题的规定》，只要借款利率不超过 24%，借款人就应当按照约定的利率支付利息。但同时，民间借贷的利率不得超过 36%，超过 36% 的部分，借款人有权主张返还。

关于 24% 与 36% 之间的部分，对借款人而言，如果其已经归还了超过 24% 的部分，则不能再请求退回；而对于出借人而言，如果借款人尚未归还超过 24% 的部分，其是否能请求支付，法院未明确予以支持，容易发生纠纷。因此在签订各类借款协议时，双方可尽量将利率约定在法律明确保护的 24% 之内。

(2) 利息预先扣除

根据《最高人民法院关于审理民间借贷案件适用法律若干问题的规定》，在将资金借出去时，预先将利息扣除的，则以扣除后的金额作为实际出借的金额。例如，A 企业因生产需要，向 B 企业借款 100 万元，利率为 10%，期限 1 年。B 企业在银行转账时预先将利息 10 万元扣除，只向 A 转了 90 万元。那么

A 实际应当向 B 借了 90 万元，而不是 100 万元。

(3) 逾期利率

根据《最高人民法院关于审理民间借贷案件适用法律若干问题的规定》，借贷双方对逾期利率有约定的，从其约定，但以不超过年利率 24% 为限。

未约定逾期利率或者约定不明的，人民法院可以区分不同情况处理：

①既未约定借期内的利率，也未约定逾期利率，出借人主张借款人自逾期还款之日起按照年利率 6% 支付资金占用期间利息的，人民法院应予支持；

②约定了借期内的利率但未约定逾期利率，出借人主张借款人自逾期还款之日起按照借期内的利率支付资金占用期间利息的，人民法院应予支持。

第四章

成 熟 期

第一节 成熟期的特点及主要需求分析

企业的成熟期是企业发展的关键时期，能否在这一时期准确了解企业发展状态，积极调整发展战略，切实迎合市场需求，对企业来说至关重要。

企业在成熟期，往往会同时呈现两种截然不同的状态：一方面，企业呈现出较强的生存能力和竞争能力；另一方面，企业会集中暴露出发展“瓶颈”和治理困境。

处于成熟期的企业通常具有如下特点和需求：

(1) 企业内部管理机制阶层化。随着企业内部多单位和职业经理阶层的形成，随着企业各业务部门的不断完善和充实，企业的组织体系已渐趋稳固。此时，高层领导的权威已在企业内部得到普遍承认，高层领导者、中层管理者、基层工作者的界限逐渐清晰和明朗，整个企业的内部呈现出多阶层的管理机制。

同时，部分企业由于各阶层之间缺乏沟通理解，高层领导者出现思路僵化、官僚作风、经验至上、任人唯亲、多头管理等问题，上述现象的蔓延和加深，容易导致企业内部的封闭与排斥倾向日益明显。若听之任之，必然严重制约企业的健康发展。

(2)企业规模化。经过种子期、初创期、成长期的积累和发展，企业资金雄厚，人才资源丰富，技术和管理水平提高，在市场上形成了自身的竞争优势。企业为了获得更多的市场份额，培养更强的市场影响力，会根据各自不同的需求和特征，选择投融资、兼并收购、上市等方式，克服企业"软肋"，突破发展"瓶颈"。因此，企业会在该阶段，不断寻求机会，更新企业资本结构，扩大企业市场规模。

(3)企业治理规范化。随着企业前期发展过程中各项规范的日臻成熟，企业制度化工作逐步走上正轨。为了适应逐渐扩大的企业规模，有效管理企业员工行为，企业会试图通过健全相关管理制度，建立规范化管理体系，促进日常业务的协调和内部资源的优化配置。

(4)企业利润水平降低。企业进入成熟期，一般就意味着企业的主要产品在市场上存在较多的竞争者，原有商品市场的逐渐饱和，加之同类产品或替代性产品的大量涌现，企业生产能力在一定程度上出现过剩，难以继续凭借现有产品获得较高的利润。一方面，市场竞争的加剧导致企业产品价格有所降低，可预见利润减少；另一方面，市场竞争的加剧，原有市场份额会被其他竞争者所挤占。由此导致企业的收益呈现低速发展状态。因此，技术创新、产品创新、品牌创新成为大多数企业的关注重点。

第二节 企业治理3.0

(一)股权激励制度及相关法律问题

1. 股权激励制度的定义

随着公司股权的日益分散和内部管理的日益复杂,公司领导层会选择建立、健全公司长效激励机制,通过股权激励制度,吸引和留住公司优秀人才,充分调动公司管理层及员工的积极性,有效地将股东利益、公司利益和员工个人利益结合在一起,增强公司凝聚力,使各方共同关注公司的长远发展。

股权激励制度的典型定义是这样的:企业员工通过获得公司股权的形式,获得一定的经济权利,使其能够以股东的身份参与企业决策、分享利润、承担风险,从而勤勉尽责地为公司长远发展进行服务的一种激励方式。

2. 企业股权激励制度的产生和发展

股权激励制度最初起源于20世纪50年代的美国,20世纪70年代逐渐传入欧洲,直到20世纪90年代,开始在亚洲国家普及和发展。

(1)股权激励制度的萌芽

20世纪50年代的美国,由于税收呈现上升趋势,美国公司的高层管理人员因为过重的税收负担,其工作积极性受到了极大的打击,基于税收问题的抱怨和杂音络绎不绝。面对这种情况，美国辉瑞公司为了合理避税，化解高管人员的困扰和担忧，尝试性地推出了面向公司全体员工的股票期权计划，自此，股权激励制度开始萌芽。

（2）股权激励制度的成形

在美国辉瑞公司推出股票期权计划的初期，并没有展现出明显的效益。股权激励制度在接下来的十年左右没有得到显著的推广和应用。直至20世纪60年代，美国硅谷的高技术知识型创业公司，由于创业初期资金紧张，便选择大范围发起并积极推广这种激励机制，一方面化解了资金短缺的问题，另一方面吸引和留住了大量的科技人才和新兴力量。

（3）股权激励制度的发展

20世纪70年代，美国企业对公司治理采取了大规模的改革措施。一方面，完善监督机制，加强对公司管理层的监督力度，引进外部董事，健全监管约束机制；另一方面，调整员工和管理层的薪酬结构，在员工和管理层之间推行广泛持股的股权激励制度，使员工和管理层的长期利益与公司利益紧紧联系在一起。从而强化员工和管理层的主人翁意识。从此，股权激励制度得以广泛推广和发展。

3. 股权激励的模式

根据不同企业各自的特点和需求，股权激励的方法和模式也各有不同，股权激励的常见模式有业绩股票、股权期权、虚拟股票、限制性股票等。

（1）股票期权

股票期权，是指上市公司授予激励对象在未来一定期限内以预先确定的条件购买本公司一定数量股份的权利。激励对象获授的股票期权不得转让、用于担保或偿还债务。

股票期权，是应用最广泛的前瞻性激励机制，这也是一种风险与机会并存的激励机制。股票期权使员工认识到自己的工作表现将直接影响到公司效益和股票价值，从而与自己的利益直接挂钩。因此会激发员工的工作积极性，提升员工的工作效率和质量。

(2)限制性股票

限制性股票，是指激励对象按照股权激励计划规定的条件，获得转让等部分权利受到限制的本公司股票。限制性股票在解除限售前不得转让、用于担保或偿还债务。

(3)虚拟股票

虚拟股票，是指公司授予激励对象一种虚拟的股票。如果实现公司的业绩目标，激励对象可以据此享受一定数量的分红权和股价升值收益，但被授予者没有所有权，没有表决权，不能转让和出售，在离开企业时自动失效。

虚拟股票实质上是享有企业分红权的一种凭证，除此之外，不再享有其他权利。虚拟股权不同于一般意义上的企业股权。公司为了激励核心员工，无偿地向其派发一定数量的虚拟股份，股份持有者可以按照虚拟股权的数量，按比例享受公司税后利润的分配。

(4)激励基金

激励基金，一般指在年初确定一个经过财务预决算的业绩目标，如果激励对象到年末时达到预定的目标，则公司授予其一定数量的激励基金。激励基金实质上是一种向公司管理层及关键人员以公示的方式发布的具有法律约束力的年终奖分配方案。

有关激励模式的对比如下表所示：

激励模式	关键特征						
	性质	分红权	增值权	决策权	出资	退出	适合情况
股票期权	股东权利	×	√	×	×	容易	适合发展空间大、资金相对宽裕的企业
限制性股票	有限售的真实股权	√	√	√	√	复杂	适合发展空间大、利润稳定的企业
虚拟股票	分红凭证	√	×	×	×	容易	适合成熟、利润稳定的企业
激励基金	业绩奖励	×	×	×	×	容易	适合成熟、利润稳定的企业

4. 股权激励的主要表现形式

①直接授予——直接授予股票或期权，使激励对象成为显名股东。

公司员工 ⟶ 公司

②通过有限责任公司间接持股

公司员工 ⟶ 有限责任公司（员工持股平台） ⟶ 公司

③通过合伙企业间接持股

公司员工 ⟶ 有限合伙企业（员工持股平台） ⟶ 公司

5. 股权激励制度的价值

奖金是对过去的认可，股权激励则是对未来的期许。股权激励制度的存在，是公司对员工能力和潜力的认可，是公司认为员工将来能创造价值、做出贡献才授予的。股权激励制度的价值主要体现在以下几个方面：

(1)对于公司而言

①人才——稳定现有人才，吸收外来人才。对现有人才来讲，股权激励将一批管理者变成了股东，股价上涨而获得收益是对激励对象的最大诱惑，因此管理者会尽心尽职、勤勉工作，以通过持有股票获得更多的财富收入；对外来人才来讲，股权激励意味着其在固定薪酬之外，可以获得相当的股权收益，在坚守本职工作的同时，享有对公司的股东权利。这种吸引力可以不断优化公司的人力资源，持续创造公司的新兴力量。

②效率——调动员工积极性，提高公司整体效率。股权激励的对象通常是公司的高级管理人员、核心技术人员和骨干员工等，均为公司发展的“中坚力量”。股票期权的授予使激励对象在心理上从“员工”变成“老板”，财富的吸引和主人翁的心态将大大提高其积极性和凝聚力。

③资金——为公司提供投资资金，减轻公司融资压力。大多数股权激励计划中，员工需要利用自有资金来购买该股票，从而成为企业内部融资的有效途径，是公司缓解资金紧张的重要保障。

④管理——解决股东和管理层之间的委托和代理问题。股东和管理层之间的委托和代理关系，是企业进行内部结构治理必须要面对的问题。实行股权激励，可以有效缓解“代理人行为”所引起的管理层消极懈怠、滥用职权等现象。

(2)对于员工而言

①财富——直接获得股票收益。若公司股票价格稳步上升,员工可以直接获得股票价格之间巨大的利差;若股票发行价格跌破行权价格,员工可以自主放弃行权。

②地位——管理地位更加牢固,可行使一定的股东权利。执行他人的想法,同时提出自己的想法。股权激励让激励对象不仅仅是尽本分,更是鼓励他们敢于实现自己的想法和价值。

6. 股权激励方案的设计

股权激励方案是企业股权激励制度建立的设计图,对企业和员工均具有约束力,既是企业对员工的一种“奖励”,也是员工对企业的一种“承诺”。能否设计出一套适合企业自身发展的股权激励方案,能否避免股权激励方案给公司和员工带来冲突和争议,通常取决于对“定股、定人、定量、定价、定条件、定时间、定来源”这七大关键要素的把握。

(1)定股——如何选择股权激励模式?

公司每个发展阶段的经营模式、市场规模和人才需求等情况都不相同,战略规划也不一样,因此股权激励模式的选择也应有所不同。企业应当根据各股权激励类型的特征、利弊,以及企业实际发展状况选择合适的股权激励模式。

(2)定人——如何划定激励对象?

激励对象的确定将直接影响到股权激励的效果和价值。为了避免利益固化、激励不公等问题,企业设计股权激励方案时,可以采用兼具公平与适时调整的动态定人思路。例如,企业可以按员工类型确定,“技术骨干 + 管理人才 + 创始员工”交叉人群为激励核心;企业也可以按岗位职能分层确定,以高层、中层、基层划分层次。每一次股权激励的对象也应当有所变动和调整,实现利益共享。

(3)定量——如何确定激励数量?

激励数量的确定包括总量的确定和个量的确定。

总量的确定,至少须做三方面考量:第一,考虑企业大股东控制权、业绩目标、企业规模、波动风险的预防;第二,对股权结构做分析,根据股权集中程度、股权投资及控制权,确定股权激励总额上限;第三,考虑动态分配股权模式,根据公司发展阶段、人才需求、行业变化等情况逐年分次释放,一方面避免一次性分配造成的利益固化,另一方面避免过度激励及过度稀释股权。

个量的确定,也应当由企业根据自身现状和激励对象人数做具体的配比,规划明确授予时间及节奏。在持续授予激励的同时,做好风险控制。

(4)定价——如何设定股票价格?

定价是关于利益的心理博弈,也是股权激励方案中需要谨慎考量的因素。首先得确定企业价值,其次确定每股定价,最后确定购买方式。

第一,企业估值方面:基于企业资产可采用账面价值法、资产评估法估值;基于企业收益可采用现金流折现法、市盈率估值法估值;基于企业产品/服务的市场可采取市场交易类比法估值。

第二,定价方面:全盘考虑企业特点或者企业投资收益来确定授予价格。

第三，付款方式方面：可借鉴实缴出资、分期付款等方式，选择与企业整体特点相匹配的方式。

(5) 定条件——如何拟定授予和退出条件？

首先，看授予条件。授予条件有两个层次，第一是企业整体业绩达标，第二是个人业绩条件符合。例如，将考核结果得分划分为 ABC 三档，对应的每档设定不同的授予比例，如 A 档对应 1，B 档对应 0.5，C 档对应 0。

其次，看退出条件。通常而言，股权激励的退出方式可以分为员工“过错性退出”和“非过错性退出”。

过错性退出，通常指员工因为自身过错而被要求退出激励对象范围，包括激励对象违反法律规定，违反公司规章、制度，违反竞业限制约定，在特别约定的股权激励锁定期内离职，擅自转让激励股权或期权等造成公司严重损害的行为。

非过错性退出，通常指非因员工自身过错，但由于其他特殊的情况而需要退出股权激励范围，包括激励对象转让股权、股权被回购、未达到业绩指标、未在行权期内行权、离职等情形。

结合公司发展规划综合确定授予条件和退出机制，尽可能降低激励股权的授予风险和回收成本。

(6) 定时间——如何把握各个时间点？

一份股权激励方案，包括了多个关键时间点，包括但不限于：授予日、等待期、行权日、锁定期、解锁期等。以上时间点带有较强的必要性和特殊性，需要在设计股权激励方案时，列入计划的一部分，并根据企业运作情况重点把握。

(7)定来源——如何确定股票或资金来源?

股权来源显然是企业实行股权激励的前置条件。常见的股权来源有三种:第一,向激励对象发行股份(增资扩股),总股本增加;第二,股权转让,原有股东向股权激励对象转让一部分股权;第三,回购员工退出股份,部分员工因为离职等原因退出,退出部分可重新授予其他员工。

企业在确定来源时,可以单独也可以组合使用不同的股权来源,以趋利避害。

7. 股权激励问题提示

(1)股权激励≠股权奖励

"奖励"强调公平,而"激励"更注重效率。员工的职位高低和历史贡献是"奖励"的依据,但不是"激励"的依据。"奖励"着眼于过去,致力于营造公平和谐的企业氛围;"激励"着眼于未来,致力于提升企业的经营绩效。在激励对象的选择上,企业应当审慎考虑。

(2)把股权激励提升到企业经营战略的高度

股权激励的施行将影响到企业的股权分布和结构,而股权变动将影响到企业经营方针、投资计划等的制定,因此在设计股权激励方案时,要有战略高度和长远布局思维,应根据企业经营实际进行系统性的规划。

(3)股权激励稳定性与灵活性有机结合

稳定性说的是激励制度一旦颁布就要不折不扣地实施并坚持下去,否则企业将失去员工的信任。

灵活性则指针对不同的激励对象、在不同的环境中,以及随着时间的变化，所使用的激励工具和激励方法的组合应该有所不同，使不同岗位、不同部门、各个层次的员工都能得到其所希望的激励，坚持实用、恰当和高效。

(4) 股权激励应当考虑与劳动关系的结合

股权激励的本质是激励员工更好地为公司服务，为公司创造更大的价值，公司在制定股权激励计划时，同时需要考虑员工的劳动关系：如何设置合适的服务期，并在股权激励计划中约定；在劳动关系因不同原因终止时，员工股权如何退出，回购价格如何确定，以最大限度地实现股权激励的价值。

8. 以案说理

上海某股份有限公司是一家挂牌前开始实施股权激励计划而后成功挂牌的新三板企业。

2014 年 2 月，该公司通过了股权激励方案，激励计划的有效期为自股票期权首次授予日起 10 年，公司分 4 次授予股票期权，股票期权总数为 317 万股，占当时股本总额的 3.52%，股票来源为公司向激励对象定向发行普通股股票。

首次授予股票期权情况：

首次授予日：2014 年 2 月 24 日；

授予股票期权数量：76 万份；

行权价格：1 元/股；

行权条件：公司在 2015 年 12 月 31 日前获得新药证书、生产批件、通过 GMP 认证并获得相关证书。如在 2015 年 12 月 31 日前未达到上述的目标，则首次期权激励对象所获得的期权数量按一定比例进行折扣后分期行权；

激励对象:7人,均系在公司工作满6年且为公司主要产品研究和开发工作作出重大贡献的高级管理人员、中级管理人员及核心研发技术人员;

可行权日:首次授予日起满24个月后。2014年11月20日,首次授予的期权已在中国证券登记结算有限责任公司完成登记。

上述股权激励方案见证了员工与企业之间形成的良性循环体系。一方面,该公司稳定了公司人才队伍,实现了内部融资,加快了公司"三证齐全"目标的实现。另一方面,该公司的员工获得股权,从而享受股权收益,实现员工个人财富的增值。

(二)关联交易及相关法律问题

1. 关联交易的定义

关联交易,也被称为"关联人士交易",通常指公司或者附属公司与在本公司直接或间接占有权益、存在利害关系的关联人之间所进行的交易。关联企业是经济发展的产物,其存在及发展有利于优化资源配置,取得规模经济效益,推动整个社会经济的发展。对关联企业而言,在外部交易内部化的同时,公司间人员、资金调度更加快捷,大大降低交易成本,提高企业运营效益,增强其整体的市场竞争力。但是,企业应该避免不正当的关联交易。

2. 关联方的定义

对于关联方的界定,不同国家不同地区有不一样的规定。主流的判断标准是,主体之间是否存在"控制"或者是"重大影响"。因此,关联方是一种客观存在,判断关联人,应当从客观上看其对公司是否有控制力或者有施加重大影响的权利或能力，而非简单地考虑主观状态。

关联方包括自然人，也包括法人，主要指公司的发起人、主要股东、董事、监事、高级管理人员，以及其家属和上述各方所控股的公司。

3. 关联交易的内容

现代市场经济活动中，存在各种关联方关系，也发生着多种多样的关联方交易。常见的关联交易包括但不限于以下类型：

（1）购买或销售商品

购买或销售商品，是关联方之间最常见的交易事项。比如，企业集团成员基于商业合作、互惠互利的需要，相互购买或销售商品，从而形成关联方交易。

这种关联交易实质上是将市场交易转变为了内部交易。在同一个企业集团下面从事商业交易，一方面可以互帮互助，节约交易成本；另一方面可以降低买卖风险，减少交易过程中的不确定性，更好地控制供给和需求，并能在一定程度上保证商品的质量。

（2）购买或销售商品以外的其他资产

购买或销售商品以外的其他资产，是关联交易的重要形式。如母公司与子公司之间就机器设备、建筑房产等有形或无形资产开展交易，其优势和实质，基本与上述购买或销售商品的模式相同。

（3）提供或接受劳务

提供或接受劳务，也是关联交易的重要形式。企业接受其关联企业提供的劳务，同时向关联企业支付基于该劳务产生的相应服务费用。

关联企业往往在运作模式和主营业务上有着较高程度的关联性,或替代关系,或互补关系,又或是生产链关系。关联企业之间相互提供劳务服务,符合其利益共同体的特性。这种由关联企业提供的劳务包括但不限于行政事务、技术服务、市场调查、维修管理、业务咨询、法律、会计事务等服务。

(4)其他

除上述三种常见关联交易之外,还有涉及租赁、代理、提供资金、提供担保、许可协议、赠与、债务重组、关联双方共同投资等的交易内容。

4. 关联交易的相关规定

(1)关联关系和关联方的界定

不同法律从不同方面对关联关系和关联方做出了界定。其中,《公司法》第216条规定,关联关系,是指公司控股股东、实际控制人、董事、监事、高级管理人员与其直接或者间接控制的企业之间的关系,以及可能导致公司利益转移的其他关系。但是,国家控股的企业之间不仅因为同受国家控股而具有关联关系。

《企业会计准则第36号——关联方披露》规定,一方控制、共同控制另一方或对另一方施加重大影响,以及两方或两方以上同受一方控制、共同控制或重大影响的,构成关联方。

《企业所得税法实施条例》规定,关联方是指与企业有下列关系之一的企业、其他组织或者个人:①在资金、经营、购销等方面存在直接或者间接的控制关系;②直接或间接地同为第三者控制;③在利益上具有相关联的其他关系。

(2)禁止不正当关联交易

《公司法》第21条第1款明确规定,公司的控股股东、实际控制人、董事、监事、高级管理人员不得利用其关联关系损害公司利益。这一强制性规定体现了法律对不正当关联交易的绝对禁止。该规定充分衡量了关联交易可能带来的优势和弊端,分析了关联交易可能存在的合理性与危害性,针对我国当前不正当关联交易日渐增多的现实情况,做出了一种切合实际的制度选择。常见的不正当关联交易包括非公允价格的交易和以非价格形式的转移资源和义务的行为,如相互担保和资产重组等。企业既要杜绝自身从事不正当交易,在选择合作伙伴时也要注意对方的交易习惯,避免成为不正当交易的受害者。

5. 关联交易的注意事项

(1)关联交易的战略定位。关联交易固然有一定的正面效益,但也存在相当的负面效应。企业首先要正确认识关联交易,给予关联交易一个合适的战略定位,才能在企业运营过程中发挥其最大的效益。一方面,公允的关联交易是可以利用的。关联交易已经成为企业交易行为中较为普遍和正常的现象,合理的关联交易能够降低企业交易成本,充分发挥和体现关联方的协同效应。另一方面,关联交易的利用要严格限制。企业绝不能单纯凭借关联交易调节公司利润,或者依靠大量的关联交易来维持运营。公众投资者和市场监管机构不断加大对关联交易合理性、公允性、合法性的关注和审查,企业一不小心就会成为监管机构调查和规制的对象。因此,企业总体上应当弱化关联交易的角色,增强企业独立性,降低违规风险,通过提升企业核心竞争力和市场影响力获得发展和成长。

(2)关联交易的真实性。虚假的关联交易不具备真实的交易动机,不符合常规的交易行为不仅违背了企业的诚信交易原则,也隐藏着潜在的违法风险。有的公司虚构并不存在的交易来转移收入和分摊费用,或者通过相互拆借资金的方式调节利息费用。一旦被发现,就会陷入被调查的危机之中,如若违法行为被查证属实,企业就会面临行政处罚或是民事赔偿,企业信用也会受到不良影响。

(3)中小股东权益保护。现实中,关联交易多发生在控股股东与其关联方之间。虽然控股股东与其他股东在权利种类上并无不同,但在权利质量上比普通股东更为优越。控股股东为了谋取自身利益,滥用其企业优势地位,忽略甚至牺牲中小股东的权利并不少见。如果此问题处理不好,不仅会引起中小股东的不满,还会影响企业信誉,不利于企业长远发展。

(4)信息披露。关联交易的信息披露是否及时、是否完整、是否准确已成为社会公众和监管部门关注的焦点。当下社会信用体系建设日益迫切,对于关联交易的披露制度,《会计法》《证券法》和《公司法》均有相应的规定和要求,企业只有坚持披露重于存在的原则,才能使运营更稳健、更合规。

6. 以案说理

2009 年 3 月 7 日,某化工公司向海关申报进口卡塔尔产甲醇一批,数量 5250 吨,申报价格为 CIFUSD180/吨,海关审核后,发现其发票日期为 3 月 3 日,迟于 2 月 20 日的装船日期,不符合贸易惯例。同时,收货人 A 公司与卖方 B 公司的企业名称含有相同关键词,怀疑可能存在关联关系。

海关向申报进口的化工公司发出《价格质疑通知书》。化工公司承认双方为关联企业,发票日期是双方长期默认定价模式的体现,即以货物到港前一周某贸易网站的行情作为进口价格,并根据这一时间点和价格开具发票、做账等,并无异常。因此,化工公司否认该关联关系影响到了成交价格。

海关核查认为:按照《中华人民共和国海关审定进出口货物完税价格办法》,一方直接或间接地受另一方控制的,应当认为双方存在关联关系。化工公司和收货人 A 公司都是卖方 B 公司在中国大陆成立的全资子公司,所有采购程序、采购价格都是按照卖方 B 公司的指令来完成的,即接受卖方 B 公司的实质控制。因此,化工公司和 A 公司、B 公司存在关联关系。那么"关联关系"是否影响到了成交价格?

《中华人民共和国海关审定进出口货物完税价格办法》规定,海关认为"买卖双方之间的关联关系影响了成交价格"时,可以要求当事人对于其关联关系是否影响成交价格做出解释,以证明其成交价格未受到关联关系的影响。如果当事人无法举证,或者无法提供客观、可量化的数据,海关可以认定其关联关系对于成交价格产生了影响,不接受其申报的价格。

海关为了求证关联关系和成交价格的关系,要求化工公司出具书面材料解释和说明,化工公司辩称其和 A 公司、B 公司虽存在关联关系,但三方均自负盈亏、独立核算,进口申报价格是根据双方交易习惯和国际市场行情确定的。

但海关认为:根据化工公司提供的材料,B 公司与其供应商公司的价格最终以船到中国港口当月的 ICIS 四个星期的平均价格的 94.5% 作为结算价格。据此该批货物的最终结算价格为 CNF USD194.91/吨。而 B 公司销售给化工公司的价格是按照货物到港前一星期左右某贸易网站的行情来确定交易价格的。根据当时的行情，该货物的申报价格为 CIF USD180/吨，成交价格存在倒挂。

由此，海关认为，由于买卖双方存在关联关系，且该关联关系影响到了成交价格，关联企业间的内部转移定价政策或定价方法违反了公平交易的原则，不符合《审价办法》的规定，应进行重新估价。

第三节　企业合同 2.0

（一）合同模板制定

合同是经济活动的载体和基础，处于成熟期的企业，一方面其业务模式逐渐稳定，另一方面其业务量不断增加。这个时期的企业，会在内部管理制度尤其是合同管理上投入较多人力和财力。为确保企业业务的顺利开展，企业可以结合以往实务经验编制一套或数套高质量的合同模板，加强对合同中核心条款的把控，切实防范各类合同履行过程中的法律风险。

1. 合同模板制定的意义

（1）实质提升合同文本质量，有效降低合同法律风险。

随着实务经验的积累，企业会发现常用的合同文本中存在各种各样的严重问题,如合同条款不完整、合同条款前后矛盾、条款表述存在歧义,甚至违反法律强制性规定,等等。上述问题一旦得不到纠正,将在合同履行过程中带来许多困扰和纠纷,为正常经营埋下隐患。合同模板的制定,往往经过法务人员和律师的反复斟酌和打磨,汇聚了其执业过程中的专业知识和实务经验,会大大提高合同文本的规范性、严谨性和专业性,从而有效降低合同法律风险。

(2)降低合同审查成本,提高合同审查效率。

一般情况下,企业在签署合同之前,会将拟签订的合同文本交由公司法务或者是顾问律师进行审查。合同审查带来的工作量往往更多的是互相沟通的成本:一方在合同审查过程中对文本内容的质疑和修改,往往需要告知另一方,对方又会基于自己的利益考量而再次提出要求,反反复复会消耗大量的时间和精力,有的合同直到项目开始前一两天的时候才正式敲定,这样的效率显然是偏低的。制定合同模板后,由于基础合同本身已经较为规范和完整,使审查过程中对大部分内容(如通用性标准条款)一般不必进行修改,只需根据交易的实际情况对某些特殊的商务条款进行审核和调整,这无疑将大大提升合同法律审查的工作效率。

(3)实现合同管理标准化,整体改善企业形象。

合同的成立是基于交易双方的签署,而交易对方往往是企业重视且珍惜的合作伙伴。合同不仅仅是一份文件,更是企业对外拓展业务的重要砝码,低质量的合同文本不仅使企业自身陷入法律风险之中,还会让交易对方对企业的实力和管理水平产生质疑。合同的不规范、不专业,将直接对企业形象产生不利影响。合同模板的制定,融汇了业务人员、法务人员和顾问律师的专业经验,互相补充、互相完善,由此实现合同的标准化管理,将有助于体现企业工作人员的专业性和可靠性,从而展现企业整体实力,改善企业对外形象。

2. 合同模板制定的主体

由于合同模板具有很强的可复制性,是企业将来开展业务会反复使用的文本,因此,在其制定过程要舍得投入人力和财力。通常情况下,合同模板的制定需要两类主体的介入:一是企业内部法务人员;二是企业外部顾问单位。

企业内部法务人员作为既熟悉法律知识,又了解企业核心业务的群体,自然是制定合同模板的牵头人。通过与企业各业务部门的沟通和配合,详细了解某一业务开展可能涉及的权利和义务,可能存在的违约风险,通过业务工作与法律工作相结合的方式确定合同模板的类型和框架。

企业外部顾问单位往往指的是律师事务所。引入外部法律专业机构作为合同模板制定工作的辅助方,帮助企业从独立的视角审视合同模板。由于律师往往比企业法务人员的诉讼经历更丰富,而诉讼是反映和挖掘法律风险最直接的途径,通过纠纷诉讼,律师可以以此为鉴,为客户的将来更好地识别和规避风险,通过专业理论与实践经验相结合的方式把关合同模板的重要核心条款。

3. 合同模板的主要内容

无论什么性质、什么类型的合同,其主要内容不外乎两种条款:一是商务条款;二是法律条款。

商务条款具有特殊性,集中体现某一次商业交易中当事人之间的合作意向和要求,主要由当事人自己权衡和决策。以最常见的买卖合同为例,商务条款主要包括合同标的、合同数量、合同价格、交付方式及收付款方式等。这些条款也是合同的核心条款,需要根据每一次交易谈判内容做出修改。

法律条款具有一般性,其可复制性较强,主要与法律的强制性规范及法律授权当事人自行约定的条款有关。买卖合同中会出现这些条款,承揽合同中会出现这些条款,技术合同中也会出现这些条款,如合同解除条款、违约责任条款、保密条款、争议解决条款、合同效力条款等。

合同模板中需要达到的三点标准是:

(1)框架完整性。无论是商务条款还是常规条款,都应当在合同模板中得到初步的体现,等到交易谈判结束后,进行有针对性的补充。合同模板一般应包含以下条款:标的(如商品名称、服务内容、提交的成果等);价格(如商品价款、项目工程款、服务费、报酬等);收付款方式(包括支付条件、支付期限、支付金额等);重要时间节点(如交货时间、服务期限、验收期限等);违约责任(需详尽列举违约行为的具体表现情形,以及相应的后果承担);争议解决(争议解决方式一般协商优先,协商不成的,约定采取仲裁或者诉讼方式)。

(2)以企业利益为中心。即使是制作合同模板,也要时刻关注企业利益的争取。合同模板等于是合同起草,在重要条款中,可以适当"偏袒"自身企业。还是以买卖合同为例,若企业作为卖方，则在起草商品交付和收付款方式时，可以选择先付款再交付，至少应当约定首付款，降低买方拒绝或迟延付款的风险。再如，争议解决条款，可以将管辖法院地约定为自身企业所在地，若双方在后续合同履行过程中发生争议，可减少企业在应对诉讼时花费的精力和成本。

(3)格式规范化。无论是字体还是排版，都应当清晰简洁，整体的视觉效果要美观、得体。

4. 仲裁还是诉讼

很多企业对于仲裁这种争议解决方式较为陌生，在合同制定的过程中难以抉择。本部分简要介绍一下仲裁与诉讼之间的异同，以及在实践过程中如何根据实际情况作出最有利的选择。

仲裁的范围比诉讼小，平等主体的公民、法人和其他组织之间发生的合同纠纷和其他财产权益纠纷可以仲裁。双方自愿达成仲裁协议才能采用仲裁方式解决纠纷，否则仲裁委员会不予受理。当事人达成仲裁协议后，一方向人民法院起诉的，人民法院不予受理，但仲裁协议无效的除外。仲裁委员会由当事人协议选定。仲裁实行一裁终局的制度。裁决作出后，当事人就同一纠纷再申请仲裁或者向人民法院起诉的，仲裁委员会或者人民法院不予受理。但如果裁决被人民法院依法裁定撤销或者不予执行的，当事人就该纠纷可以根据双方重新达成的仲裁协议申请仲裁，也可以向人民法院起诉。

和诉讼相比，仲裁庭审理案件具有“保密性”，即案情不公开，裁决不公开；人民法院则实行案件公开审理原则，少数依法不应公开审理的除外。仲裁是一裁终局的，申请撤销时法院不会审查实体处理问题，只有在程序中有明显错误时才可以撤销；就诉讼而言，如对一审不服还可以上诉，对二审不服可在 2 年内申请再审，法院还有相关的法定监督机构和救济程序。仲裁过程中当事人享有较大的自由度，是否开庭审理等都可由当事人自由选择，诉讼过程中当事人则应当严格按照诉讼法的规定进行。

因此，如果当事人希望尽可能在短时间内解决纠纷，避免投入更多的财力、时间成本，建议选择仲裁作为争议解决的方式，因为仲裁的受理和开庭程序相对简单，实行一裁终局，裁决立即生效。如果纠纷涉及较为专业的商业问题，特别是事实判别强于法律判断，而这些事实判别又需要相当丰富的专业知识时，建议选择仲裁，因为仲裁员通常为具备相关专业知识的权威专家。相对地，如果纠纷以法律判断为主，则建议选择诉讼。此外，如果纠纷需要保密，或者涉外，也建议选择仲裁，因为仲裁较之于诉讼，保密性更强，也更具有国际性，可以更多地参照有关国际公约、条约、议定书，乃至国际惯例，适合于不同制度、不同国家与民族、不同社会政治经济文化传统背景下的当事人。不过，仲裁较为昂贵，而且一旦仲裁结果对企业不利，相比于诉讼，企业更难获得救济。因此，企业在选择争议解决方式时应考虑自身和纠纷的实际情况，可以征询专业人士的意见，作出对自身最有利的选择。

（二）合同台账及分类管理

1. 合同台账管理概述

合同在商业交易中扮演着越来越重要的角色，企业的业务开展都会附带着大量合同的签署和履行。面对如此繁杂的合同数据，为了能够快速查询合同信息，准确了解合同履行情况，合同台账管理是很多企业心仪的选择。

合同台账，简单来说，就是合同的明细记录表。将企业签署的所有合同的主要信息进行统一的编号、登记、更新，以便日常查找和信息查询。

2. 合同台账管理的重要性

①合同台账是合同管理的核心工具，建立合同台账能够全面反映企业合同的签署和履行情况，有利于合同签订程序化、审批标准化、监督实时化、归档规范化，实现企业合同的全面管理。

②合同台账是对合同主要信息的提炼，根据合同台账可以实时监督和了解合同的履行情况，及时发现违约风险，做到事前预防、事中监督，防患于未然。

③合同台账会根据合同履行情况及时更新数据，业务人员和管理人员可以根据需要查看合同的最新数据，实现资源共享，有效提高工作效率。

3. 合同台账的主要内容

合同台账的主要内容根据不同性质和领域的不同而有所不同，一般应包括以下几个部分：合同编号、合同名称、合同签约方信息、合同概况、合同标的、合同金额及收付款情况、签署日期、签署地点、合同期限、重要节点、合同执行情况、经办人及其他日常可能需要频繁查询的信息。

4. 合同台账模板

【买卖合同台账模板一】：

合同编号	JR－×××1		JR－×××2		JR－×××3	
合同名称	《×××买卖合同》					
甲方（卖方）	甲企业					
乙方（买方）	乙企业					
合同概况	本合同为×××项目合同，甲方向乙方提供×××产品3套，乙方向甲方支付款项×××元					
合同标的	×××产品3套					
合同金额（元）	×××元					
付款时间节点	合同生效后7日内	甲方交付产品后7日内				
款项名称	首付款	尾款				
款项金额	×××元	×××元				
实际付款金额	×××元	×××元				
合同履行情况	履行完毕					
争议管辖法院	×××人民法院					
合同经办人	张三 183××××1234					
备注						

【买卖合同台账模板二】:

合同编号	JR-×××1	年　　月　　日
合同名称	《×××买卖合同》	
甲方(卖方)	甲企业	
乙方(买方)	乙企业	
合同经办人(部门)	张三,183××××1234	
合同签署日期	2017年1月1日	
争议管辖法院	×××人民法院	
合同概况(合作形式、合同标的、合同金额、收付款时间节点、其他)		
违约责任条款和合同解除条款		
合同履行情况		
备注		

5.合同分类管理概述

合同的分类管理,是指企业在签署合同后,除了制作上述合同台账,还可以根据合同的性质、合同的内容或者合同的签署部门进行妥善的分类保管。

合同的分类管理是适应日益复杂的商业合作模式,提升企业合同管理完整性、规范性的有效方式。健全的合同管理制度对于公司经济活动的开展和经济效益的取得都有积极意义,不仅可以使企业合同流程更加严谨,还可以使大量归档合同门类清晰化，起到真正的备案作用。

6. 合同分类管理的流程

①合同分类管理更倾向于被认定为行政事务，因此可以将合同分类交由企业行政管理部门负责，为保稳妥，可以由企业法务部门协助处理。建议企业的每份合同至少留存两份原件，行政管理部门和法务部门分别留存一份。

②企业行政管理部门在接收到业务部门的新合同时，首先应当根据上述合同台账的管理方式制作台账，将合同名称、签约方信息、合同概况、重要时间节点、签署日期等主要信息登记汇总，特别业务需要办理其他备案或批准手续的，应当及时办理。

③制作完成合同台账后，不同企业可以根据自身管理需要，以不同的分类标准将业务合同分门别类。一般企业会以业务部门的设置为单位，划分合同种类，如营销部的买卖合同为一个档案集合，市场部的租赁合同为一个档案集合，研发部的委托合同是一个档案集合，等等。合同的分类管理将大大减轻后续查询和搜索的工作量，以便快速准确地定位合同信息。

④合同在分类之后，需要做一个归档的工作。无论是纸质合同还是电子合同，建议都在归档前将所有合同电子化，对纸质合同进行扫描，与电子合同统一存档。若非必须使用原件时，企业工作人员可以通过查询电子版本获取资料。

第四节　企业并购与对外投资

(一)资产收购及相关法律问题

资产收购,是一家公司通过购买另一家公司资产并运营,从而获得利润创造能力的行为。如果一家公司收购了另一家公司的全部资产,则被收购的公司可能会需要办理注销手续。资产收购对象包括流动资产、固定资产和无形资产,也包括负债。固定资产譬如实物资产(如机器、厂房、土地),无形资产譬如专利、商标、商誉。

资产收购中,交易主体是收购方和目标公司,权利和义务通常不会影响目标公司的股权结构。资产并购的性质为一般的资产买卖,涉及的是买卖双方有关资产转让的合同权利和义务。一般来说,也不涉及人员的变动。

1. 资产收购的作用

(1)提升公司的价值

通过资产收购能获得与本企业现有业务相关性比较强的资产,理顺业务关系,容易实现生产、技术、资金的协同效应,提升公司现有业务的竞争力。

(2)有利于增强公司的独立性

如一家公司计划上市,通过资产收购的方式可以避免同业竞争,减少关联交易,保证股份公司资产的独立性和完整性,整合企业上下游的产业链。

(3)有助于改善公司的资产结构

通过资产收购不仅能够扩大公司的固定资产，而且可以使主营业务资产相应增加，公司的资产结构能够更为合理，有利于提升公司的整体竞争力。

2. 资产收购中的调查与评估

在资产收购中，需要聘请资产评估公司对每一项资产（涉及流动资产、固定资产和无形资产等）进行评估，然后，每项资产要进行所有权转移，在涉及不动产转让和土地使用权转让时还需要报批。因此，在大型资产收购时程序相对复杂，需要耗费的时间也更多。

资产收购中，通常涉及对收购资产的产权及他项权利的调查，无须对目标公司的生产经营情况进行详尽的调查，因此，并购风险较低。

3. 资产收购中的审批

在资产收购中，需要留意转让的资产属于何种情形。如果涉及国有资产、上市公司资产的，通常需要相关政府部门的审批或登记。土地使用权、房屋的转让需要报土地管理部门、房产管理部门，并涉及相应的税费。如果涉及转移专利、商标等无形资产的，需办理专利、商标等转让手续，涉及需要报国家专利局、国家商标局的程序。如果涉及国有资产的，还需要经过资产评估手续。涉及上市公司重大资产变动的，上市公司还应按照规定报证监会批准。

4. 资产收购中的员工安置

在资产收购的情况下，收购方一般不接收原有劳动者，但也有企业自身考量后保留与收购资产相匹配的员工的案例。

如果在资产收购中发生劳动关系转移,对资产出让方而言,其与劳动者的原有劳动关系终止,需要支付大量的经济补偿费用,且可能导致不少劳动纠纷的发生,因此出让方在签订相关协议时应当将各项费用的分担写明。

而如果收购方不接收原劳动者,资产出让方可能会面临着员工安置的问题,如工作岗位、工作地点的调整,这些均涉及对原有劳动合同的调整。这就要求资产出让方有规范且合理的调岗制度。

5. 资产收购的一般程序

①召开公司董事会及股东会,审议资产收购方案并作出决议。

②确定资产收购价格。

资产收购价格以某一日作为评估基准日,并根据资产评估公司出具的评估报告中的净资产为基准计算确定。一般计算公式为:

收购价格 = 基准对价 + 对价调整数

其中,基准对价指资产评估报告确定的,并需上报有关政府部门备案批准后评估基准日资产净值。

对价调整数 = 资产交割日时的账面净资产 - 评估基准日的账面净资产值

③签署《资产转让协议》,主要包括:资产收购的价格及定价依据,收购价格的支付条件,交易价款支付方式与时间等。

④资产转让并办理过户手续。

6. 资产收购的案例

我国知名整车研发、生产、销售企业小康股份(产品如东风小康)于2016年宣布在美国研发高端智能纯电动汽车,设立了二级子公司SF Motors。

2016年9月27日,SF Motors为发展新能源汽车业务,聘请特斯拉汽车创始人马丁·艾伯哈德为新能源汽车顾问。

2017年6月22日,小康股份发布公告称,旗下SF Motors收购美国顶级的汽车解决方案集成供应商AM General公司的民用汽车工厂,包括与AMG民用汽车工厂相关的土地、厂房、工厂设备和配套设施等。

在此次收购中,SF Motors聘请了某资产评估公司对该民用汽车工厂的房屋建筑物、机器设备、土地进行了评估,小康股份还对SF Motors履行收购协议提供了担保。

双方最终确定交易价格为11 000万美元。SF Motors在资产收购的同时,还将额外投入整改资金对AMG民用汽车工厂生产设备及工艺进行全新改造升级,用于生产其正在研发的高端电动车型。在此次交易中,SF Motors会保持现有的当地管理团队、技术熟练的工人和未来全新整改的设备,用以确保将来的电动车产品的品质。

(二)公司并购及相关法律问题

1. 公司并购的类型

公司并购通常可以分成公司合并与收购。

公司合并,是指两个或两个以上的公司依照《公司法》规定的条件和程序，通过订立合并协议，共同组成一个公司的法律行为。它是通过将一个或一个以上的公司并入另一个公司的方式而进行公司合并的一种法律行为。例如，中国南北车的合并。

公司收购，也称股权收购，是指一家公司通过签订收购协议，收购另一家公司一定比例的股权，从而享有该公司权益的一种法律行为。例如，吉利汽车收购福特汽车所持有的沃尔沃汽车100%的股权。

2. 公司合并

(1)公司合并的形式

公司的合并可分为吸收合并和新设合并两种形式。

①吸收合并

吸收合并又称存续合并，它是指通过将一个或一个以上的公司并入另一个公司的方式而进行公司合并的一种法律行为。并入的公司解散，其法人资格消失。接受合并的公司继续存在，并办理变更登记手续。

②新设合并

新设合并，是指两个或两个以上的公司以消灭各自的法人资格为前提而合并组成一个新公司的法律行为。其合并结果是，原有公司的法人资格均告消灭，新组建公司办理设立登记手续取得法人资格。

(2)人力资源方面需要注意的事项

①经济补偿金。如前所述，公司合并可以采取吸收合并和新设合并两种形式。一个公司吸收其他公司为吸收合并，被吸

收的公司解散。两个以上公司合并设立一个新的公司为新设合并,合并各方解散。无论采取何种合并的方式,公司合并的发生必然会出现一个乃至两个以上合并前公司解散的结果,这一变化直接导致了被解散公司无法再作为适格主体与劳动者建立合同关系,有可能涉及因解除劳动合同而导致的经济补偿金问题。

②企业员工的“三项协议”。公司合并除了会对劳动合同关系带来冲击外,还会对劳动关系中的一些其他协议造成影响。在合并过程中也要注意以这几种与劳动者之间签订的协议的继承或签订问题:培训服务协议、保密协议、竞业限制协议。

3. 股权收购中的一些重要条款

(1)保密条款。并购对双方企业来说都是一件战略要事,在尽职调查过程中,双方企业,尤其是目标企业的一些机密信息都是要保密的对象。还有关于此次交易的时间安排、交易金额、人事变动、战略调整等,这些机密的信息在交易完成前,甚至在交易完成以后很长一段时期内都是不能轻易泄露的。因此一次并购可以说是从保密条款开始的。

(2)过渡条款。并购不是一件一蹴而就的事情,从并购协议签订到并购交割完成、直到整合结束,双方一般会约定一个过渡期,过渡期短则几个月、长则数年。在这个特殊的过渡期,为了防止一些意外的发生,双方都会要求对方严格遵守一些准则,如并购方会要求目标企业的高管和关键人员不得离职或离职后不得从事有竞争关系的行业;目标企业也会要求并购方不得在过渡期裁员或者转手目标企业的股份或资产等，这些并购整合过渡时期特殊的条款一般都会随着过渡期的结束而终止。

(3)承诺与保证。在并购中，并购方虽然会对目标公司做详尽的尽职调查，但在尽职调查过程中难免会存在不足之处。因此，在并购协议中，并购方通常会要求目标企业作出某些承诺与保证，主要是保证目标企业重要信息的真实与合法。

第五节 企业挂牌及上市

(一)企业新三板挂牌及相关法律问题

处于成熟期的未上市企业要做大、做强，首先要解决企业融资难的问题。而未上市企业因为抗风险能力差，可以抵押的实物资产有限，少有银行愿意接受未上市企业知识产权质押、应收账款质押、股权质押、订单质押、仓单质押、保单质押。也正因如此，未上市企业一直缺少利用金融杠杆做大做强的平台。因此，未上市企业想通过金融杠杆做大、做强，想获得更多的融资渠道，就须走资本市场的道路。

全国中小企业股份转让系统(俗称“新三板”)是经国务院批准设立的全国性证券交易场所，是我国多层次资本市场体系的重要组成部分，主要针对中小型非上市股份公司公开转让股份、融资、并购等相关业务提供服务，是一种门槛较低、不设财务指标的备案制度，因此未上市企业在新三板平台上进行融资是其第一选择。

1. 企业上新三板的一些优势

①实现股份转让和增值；

②提高综合融资能力；

③是进入主板市场的快速通道；

④提升企业公众形象和认知程度；

⑤解决企业股东超过200人的问题；

⑥挂牌时间快；

⑦成本低；

⑧发行优先股（或称干股），拓宽融资渠道。

2. 新三板挂牌的具体要求

（1）依法设立且存续满2年。有限责任公司按原账面净资产值折股整体变更为股份有限公司的，存续时间可以从有限责任公司成立之日起计算。

（2）业务明确，具有持续经营能力。公司能够明确、具体地阐述其经营的业务、产品或服务、用途及其商业模式等信息。持续经营能力，是指公司基于报告期内的生产经营状况，在可预见的将来，有能力按照既定目标持续经营下去。

（3）公司治理机制健全，合法规范经营。公司应当依法建立“三会一层”，即股东大会、董事会、监事会和高级管理层，并按照《公司法》《非上市公众公司监督管理办法》及《非上市公众公司监管指引第3号——章程必备条款》等规定建立公司治理制度。公司应设有独立财务部门进行独立的财务会计核算，相关会计制度能如实反映企业财务状况、经营成果和现金流量。公司和控股股东、实际控制人之间不能有同业竞争。

(4)股权明晰,股票发行和转让行为合法合规。公司的股权结构清楚,权利归属明确且真实确定,还要合法合规。股东尤其是控股股东、实际控制人及其关联股东或实际支配的股东持有公司的股份不存在权属争议或潜在纠纷。

(5)主办券商推荐并持续督导。

3. 公司企业新三板挂牌上市办理流程

公司从决定进入新三板,到最终成功挂牌,中间需要经过一系列的环节,大致可以分为四个阶段:

①第一阶段为决策改制阶段,企业下定决心挂牌新三板,并改制为股份公司;

②第二阶段为材料制作阶段,企业聘请的各中介机构制作挂牌申请文件;

③第三阶段为反馈审核阶段,全国中小企业股份转让系统公司与中国证监会对挂牌申请进行审核;

④第四阶段为登记挂牌结算,办理股份登记存管与挂牌手续。

4. 所需中介机构及主要职责

新三板挂牌上市一般需要聘请以下中介机构:

(1)证券公司,即主办券商

主办券商主要负责挂牌公司的改制、挂牌公司的规范、申请材料的制作与内核、挂牌申请及后续的持续督导等工作。具体工作如下:

①按照国家相关法律、法规规定,协助企业进行股份制改制,成立股份有限公司。

②对企业改制后设立的股份有限公司进行新三板挂牌前的辅导工作。

③按新三板挂牌的相关规定对股份有限公司进行尽职调查，对发现的问题提出解决办法并协助企业落实相关措施。

④协调、安排中介机构进场进行相关工作，并使其按时制作挂牌申报材料。

⑤协助企业与相关主管部门沟通，推进企业资本运作、顺利开展挂牌工作。

⑥负责制作企业进行新三板挂牌申请所需材料，并为与之相关联的工作提供参考意见。

⑦企业申请新三板挂牌材料的内核。

⑧向全国中小企业股份转让系统递交挂牌申请的相关材料，并进行及时的反馈。

⑨企业挂牌之后，主办券商应持续督导所推荐挂牌公司诚实守信、规范履行信息披露义务，完善公司治理机制。

(2)会计师事务所

企业申请新三板挂牌，须聘请具有证券从业资格的会计师事务所承担有关审计和验资等工作。主要工作如下：

①负责企业改制的审计，并出具审计报告。

②负责企业资本验证，并出具有关验资报告。

③负责企业财务报表的审计，并出具两年一期审计报告。

④对发行人原始财务报表与申报财务报表的差异情况出具专项意见。

⑤提供与新三板挂牌有关的财务会计咨询服务。

(3)律师事务所

企业申请新三板挂牌,须依法聘请律师事务所担任法律顾问。主要工作如下:

①对挂牌企业改制重组方案的合法性进行论证。

②指导挂牌企业股份公司的设立或变更。

③对企业挂牌过程中涉及的法律事项进行审查并协助企业规范、调整和完善。

④对企业主体的历史沿革、股权结构、资产、组织机构运作、独立性、税务等公司法律事项的合法性进行判断。

⑤对企业挂牌过程中的各种法律文件的合法性进行判断。

⑥协助和指导企业起草公司章程等公司法律文件。

⑦出具法律意见书等挂牌所需要的文件。

⑧对有关申请挂牌文件提供鉴证意见。

(4)资产评估机构

企业股改的过程中必须要具有证券评估资质的评估机构参与。

(二)企业上市及相关法律问题

我国拥有多层次的资本市场,除了新三板市场之外,还有处于层次顶端的交易所市场,即在上海证券交易所及深圳证券交易所的市场,在这些市场里的企业俗称"上市企业"。企业上市并非是企业融资的唯一方式,却是最佳的融资方式之一,也是公司治理水平全面提升的契机。对尚未健全公司治理的企业而言,上市更是一次内外兼修、脱胎换骨的过程。

1. 企业上市的优势

①上市融资可以带来大量资金，提高企业净资产，降低负债率，改善资本结构，提高抗风险能力。资金常常被比喻成公司的“血液”，但当这种血液的补给遇到困难时，企业通过上市发行股票进行直接融资，可以获得长期和稳定的资金，打破融资“瓶颈”束缚。

②上市创造财富，股价的增长可以使股东的财富增加。

③上市可以促进法人治理结构规范化，确立现代企业制度，提高企业管理水平，降低经营风险。随着成熟期的企业不断壮大，企业具备了一定的规模，但可能管理模式还未完备，主要体现在组织机制的障碍，人力资源的限制，还有不科学的决策程序导致的失误等。企业上市是走出这个困局的有效方式，通过上市建立和完善企业的内控制度，提高企业管理水平，提高生产效率，缩减成本，降低经营风险。

④上市可以运用更有效的员工激励机制，实现员工股份价值，留住和吸引人才，提高员工工作积极性。对市场上的人才，上市公司有很大的吸引力；对公司的员工，上市可以提升他们的归属感和荣誉感，增强对企业的信心；对于公司的核心人才，给予股权激励，让他们拥有上市公司的股份权益。这正是名副其实的激励，不仅有利于吸引和留住人才，缓解公司薪酬压力，而且还可以激发员工积极性和主动性，使他们和公司的发展与利益捆绑在一起；同时完善股权结构，能更好地防止因外在或内在因素带来的各种风险。

2. 企业上市的方式

企业除了可以通过IPO（首次公开发行股票）实现上市外，还可以通过重组方式实现上市（市场上又称“借壳”）。借壳上市，是指一家公司通过把资产注入一间市值较低的已上市公司（壳），得到该公司一定程度的控股权，利用其上市公司地位，使母公司的资产得以上市。比如，浙江浪莎、华数传媒、国美等均是通过借壳来达到上市的目的。

3. 首次公开发行股票上市的条件

（1）主体资格

实务中，公司实际控制人有时会经营多项业务，若各业务主体互不相关，可分别独立上市。若各业务之间有较强相似或相关性，根据整体上市的要求，企业一般需要对这些业务进行重组整合。被重组方重组前一个会计年度末的资产总额或前一个会计年度的营业收入或利润总额达到或超过重组前发行人相应项目100%的，发行人重组后运行一个会计年度后方可申请发行。

此外，在选择上市主体时，建议将历史沿革规范、股权清晰、主业突出、资产优质、盈利能力强的公司确定为上市主体，并以此为核心构建上市架构。创业板要求上市主体应当经营一种业务，而主板和中小板的发行人可以多主业经营。

（2）独立性

上市主体的选择应该有利于消除同业竞争、减少不必要的关联交易，保持资产、人员、财务、机构、业务独立，并在招股说明书中披露其已达到发行监管对公司独立性的基本要求。

（3）规范性

上市主体应建立健全完善的股东大会、董事会、监事会制度，相关机构和人员能够依法履行职责。上市主体最近3年不得存在重大违法违规行为，发行人的董事、监事和高级管理人员符合相应的任职要求。上市主体产权关系清晰，不存在法律障碍，在重组中应剥离非经营资产和不良资产，明确进入股份公司与未进入股份公司资产的产权关系，使股份公司资产结构、股权结构规范合理。

（4）财务要求

上市主体的选择应使其经营业绩具有连续性和持续盈利能力，内控规范健全，关联交易价格公允，不存在通过关联交易操纵利润的情形，不存在重大偿债风险，并且符合财务方面的发行条件。

4. 首次公开发行股票上市的几个阶段

（1）改制重组

企业改制重组的目的是要成立一个符合规定条件的股份有限公司，以该股份有限公司作为基础申请上市。这项工作通常应在改制企业的内部领导下，由专业中介机构组建的上市工作团队完成。

这个上市团队的中介机构主要包括证券公司、律师事务所、会计师事务所及资产评估机构等。改制重组工作从拟改制企业聘请相关中介机构开始，至工商行政管理部门颁发改制后的股份有限公司营业执照为止。

（2）上市辅导

根据2009年证监会修订的《证券发行上市保荐业务管理

办法》，上市辅导适用于首次公开发行股票并上市的发行人。发行人在申请 IPO 之前，应当聘请辅导机构（保荐人）进行辅导，对发行人的董事、监事和高级管理人员、持有 5% 以上股份的股东和实际控制人（或者其法定代表人）进行系统的法规知识、证券市场知识培训，使其全面掌握发行上市、规范运作等方面的有关法律法规和规则，知悉信息披露和履行承诺等方面的责任和义务，树立进入证券市场的诚信意识、自律意识和法制意识。

新的《证券发行上市保荐业务管理办法》已经取消了原先辅导期为期 1 年的强制性规定。只要求保荐机构辅导工作完成后，能通过发行人所在地的中国证监会派出机构辅导验收即可。

(3) 上市申报

上市申报企业和所聘请的中介机构，按照证监会的要求制作申请文件，保荐机构进行内核并负责向证监会尽职推荐，证监会收到申请文件后，在 5 个工作日内作出是否受理的决定。

发行申请文件主要包括：公司营业执照；公司章程；发起人协议；发起人姓名或者名称；发起人认购的股份数、出资种类及验资证明；招股说明书；代收股款银行的名称及地址；承销机构名称及有关的协议；会计师事务所的审计报告；评估机构的资产评估报告；律师出具的法律意见书；保荐人出具的发行保荐书。此外，法律、行政法规规定设立公司必须报经批准的，还应当提交相应的批准文件。如果发行人属于特定行业的，应当提供管理部门的相关意见。

(4)证监会审核

证监会正式受理申请文件后，对申请文件进行初审，同时征求发行人所在地省级人民政府和国家发改委意见[①]，并向保荐机构反馈审核意见。保荐机构组织发行人和中介机构对反馈的审核意见进行回复或整改。初审结束后发行审核委员会审核前，进行申请文件预披露，最后提交股票发行审核委员会审核。

(5)交易所安排上市

股票发行申请经发行审核委员会审核通过后，经证监会核准，发行人便可以刊登正式的招股说明书及其他信息。证券公司与发行人进行路演，向投资者推介和询价，并根据询价结果协商确定发行价格。

发行工作完成后，发行人向证券交易所提出上市申请，符合交易所全部条件的申请人在交易所作出同意上市的决定后，便可在交易所安排下完成挂牌上市交易相关工作，并刊登上市公告书。至此，企业的首次发行并上市工作便可宣告成功完成。

---

① 如果是创业板则无须经过征求意见这个环节。

第五章

衰　退　期

第一节　衰退期的特点及主要需求分析

根据企业生命周期理论的描述，企业的衰退往往是一个渐进的过程。衰退期的企业表现为几种情况：一种情况是在成熟期的企业未实现后期的蜕变而衰退下来；另一种情况是在蜕变后，企业自然进入衰退期。与衰退期相对的另一种情形是，经蜕变后，企业成为超级大型企业集团，进入新的成长阶段。无论哪一种情况发生，都说明企业遵循了生命周期规律。处于衰退期的企业，产品市场份额逐渐下降，新产品试制失败，或还没有完全被市场所接受；管理阶层的官僚主义、本位主义严重，部门之间相互推诿责任、士气低落；出现亏损，股票价格逐渐下跌。此时，被竞争对手接管、兼并的可能性增大，企业生存受到威胁。

企业的生命周期到了衰退期，产品供大于求，有实力的企业会选择价格下调和更为宽松的信用政策。价格下调，造成企业的盈利下降；商业信用的放宽，造成企业应收款项余额增加，企业的坏账损失增加。这时，股票价格开始下跌，发行股票、债券融资十分困难，银行信用贷款收紧，企业筹资能力下降。在企业现金流转不畅、融资困难的条件下，企业的财务状况开始恶化。衰退时期的企业通过业务收缩、资产重组，或被接管、兼并等形式可以延缓衰退，或蜕变为另一个产业的企业。受业绩压力和来自于证券市场股票价格压力的影响，管理层迫切需要扭转企业财务恶化的局面，实施有效的重组计划和企业兼并计划是衰退时期的可能选择。或者，企业也可以选择解散、破产等方式，结束企业运营。

第二节 企业解散

（一）企业解散的事由及法律后果

当企业衰退到一定的程度，就面临着解散的问题。公司解散，通常是指已成立的公司基于一定的行为，出现了法律或章程规定的解散原因，从而需要停止营业活动，开始处理未完的公司事务，并逐渐终止其法人资格，从而使公司消失的过程。公司解散的目的是使公司失去法人人格，但是法人资格的消失是在清算结束、完成注销之后。除了由于公司合并和分立而解散的情况，其他解散均需经过清算程序。

导致公司解散的原因主要有三大类：一是一般解散的原因；二是强制解散的原因；三是股东请求解散。

公司一般解散的原因主要包括四种：公司章程规定的营业期限届满；公司章程规定的解散事由出现；股东大会决议解散；因公司合并或者分立需要解散。

公司的强制解散，是指公司因违反法律法规，严重损害国家或社会公共利益，被行政主管机关依法吊销营业执照、责令关闭、被撤销而解散。

股东请求解散又称司法解散，是指公司经营陷入僵局、无法正常运转时，由有合法资格的股东向法院提起诉讼，要求解散公司。该解散方式是不得已而为之的最后选择。其中要证明公司确实陷入经营严重困难，且无法通过其他途径解决，需要出现以下情况中的一种或几种：

①公司持续 2 年以上无法召开股东会或者股东大会，公司经营管理发生严重困难的；

②股东表决时无法达到法定或者公司章程规定的比例，持续 2 年以上不能做出有效的股东会或者股东大会决议，公司经营管理发生严重困难的；

③公司董事长期冲突，且无法通过股东会或者股东大会解决，公司经营管理发生严重困难的；

④经营管理发生其他严重困难，公司继续存续会使股东利益受到重大损失的情形。

公司进入解散程序，意味着公司也要进入清算程序，组织清算组。公司解散时，由清算人代替董事会执行公司的清算事务，并成为代表公司的机关。清算期间，公司虽然还存在，但不得开展与清算无关的经营活动。

(二)企业解散清算程序

清算程序的六个阶段

企业的清算程序主要包括六个阶段:

(1)成立清算组,并在清算组自成立之日起10日内将清算组成员及负责人的名单向公司登记机关备案。需要准备的材料有:公司清算组负责人签署的《公司备案申请表》;清算组人员基本情况;公司签署的《授权委托书》;股东会关于成立清算组的决议;公司《企业法人营业执照》副本复印件。

(2)自清算组成立之日起10日内通知债权人,并于60日内在报纸上公告。其中,通知和公告的内容应当包括公司名称、住所、法定代表人、注册号、注销原因、清算开始日期、清算组人员及工作地址、申报债权的期限、地点和注意事项等。

(3)债权人应当自接到通知书之日起30日内,未接到通知书的,则应当在自公告之日起45日内,向清算组申报其债权。债权人申报债权,应当说明债权的有关事项,并提供证明材料。清算组对债权进行登记,但不得对债权人进行清偿。

(4)清算组在清理公司财产、编制资产负债表和财产清单后,应当制定清算方案,并报股东会、股东大会或者人民法院确认。

(5)清算组根据股东会确认的清算方案,对公司财产进行分配。其中公司财产法定分配顺序为:①支付清算费用;②支付职工的工资、社会保险费用和法定补偿金;③缴纳所欠税款;④清偿公司债务;⑤清偿完毕上述款项后的剩余财产,除公司章程另有规定外，有限公司按照股东的出资比例分配。

（6）公司清算结束后，清算组应当制作清算报告，报股东会、股东大会或者人民法院确认。清算报告应包括以下内容：①债权债务已清理完毕；②各项税款、职工工资已经结清；③已发布注销公告。

第三节　企业破产清算

（一）破产申请及受理

根据我国法律的规定，债务人和债权人都可以成为破产申请人。当一家公司出现无法清偿到期债务、资产不足以清偿全部债务或者明显缺乏清偿能力的情况时，债务人可以向人民法院提出重整、和解或者破产清算申请。当债务人不能清偿到期债务时，债权人可以向人民法院提出对债务人进行重整或者破产清算的申请。债权人或者债务人向人民法院提出破产申请时，应当提交破产申请书和财产状况说明、债务清册、债权清册、有关财务会计报告、职工安置预案，以及职工工资的支付和社会保险费用的缴纳情况。其中，破产申请书应当载明申请人、被申请人的基本情况、申请目的、申请的事实和理由等。

如果情况发生变化，在人民法院受理破产申请之前，申请人可以请求撤回申请。

人民法院裁定受理破产申请后，会指定破产管理人，破产程序正式开始。

从破产程序开始到破产程序终结，债务人的企业法定代表人等有关人员需要承担下列义务：

①妥善保管其占有和管理的财产、印章和账簿、文书等资料；

②根据人民法院、管理人的要求进行工作，并如实回答询问；

③列席债权人会议并如实回答债权人的询问；

④未经人民法院许可，不得离开住所地；

⑤不得新任其他企业的董事、监事、高级管理人员。

同时，在破产程序进行的这段时间中，债务人不能单独对个别债权人进行债务清偿，这样的债务清偿无效。债务人的债务人或者财产持有人应当向破产管理人清偿债务或者交付财产。有关债务人财产的保全措施应当解除，执行程序应当中止。已经开始而尚未终结的有关债务人的民事诉讼或者仲裁应当中止，在破产管理人接管债务人的财产后，该诉讼或者仲裁才能继续进行。

（二）破产管理人

在法院指定了破产管理人之后，破产管理人将全面接管破产财产，并负责对其进行保管、清理、估价、处理和分配，同时对法院负责和报告工作，并接受债权人会议的监督。破产管理人可以由有关部门、机构的人员组成的清算组或者依法设立的律师事务所、会计事务所、破产清算事务所等社会中介机构担任。

根据我国现行《企业破产法》，破产管理人的职责主要有以下几方面：

1. 全面接管破产企业

破产管理人接受的破产财产，包括破产人的有形和无形财产、动产和不动产、知识产权、对外的债权、持有的股份和债券，以及破产人对外应履行的债务。此外，破产人的法定代表人应将该企业的财产状况说明书、债权债务清册及全部账册、文书、资料、印章、营业执照移交给破产管理人占有、管理和支配，破产人原进行的营业活动和诉讼或仲裁事务也应由破产管理人接管。破产人如不移交或不全面移交，破产管理人有权请求法院强制执行。

2. 保管和清理破产财产

接管破产财产后，破产管理人应当予以妥善保护和管理，防止破产财产遭受意外或人为的损失。破产管理人应对破产财产进行登记造册，详细说明财产种类、性质、原值、现值、保存地点等，对债权债务进行核对，对营业状况予以了解掌握。其中最主要的工作是追回被他人占有的财产，收回破产人未收回的债权和要求未缴纳或足额缴纳出资的出资人补足出资额，从而为更好地保全破产财产，为随时顺利地处理和分配破产财产作准备。

3. 民事活动

破产人将破产财产移交给破产管理人后，破产管理人就取得了以破产管理人名义实施必要的以破产财产为标的的民事活动的权利。一般来说，破产管理人可依法实施以下民事及其他活动:聘任必要的清算工作人员;为清算之目的,继续破产人的营业;参加诉讼、和解或仲裁;决定解除或继续履行破产宣告时尚未履行的合同;询问破产人等。

4. 破产财产

破产管理人对破产财产应当重新估价,已经折旧完毕的固定资产,应对其残值重新估价,残次变质财产应当变价计算,不需要变价的,按原值计价。破产管理人应根据清算结果制作破产财产明细表、资产负债表,并提出破产财产的分配方案。破产财产的分配方案交给债权人会议讨论通过,人民法院裁定认可后,破产管理人应即通知债权人限期领取财产,逾期不领取的可以提存。

5. 办理破产人的注销登记

破产财产分配完毕后,破产管理人应当提请人民法院裁定终结破产程序。破产程序终结后,破产管理人应当向破产企业原登记机关办理破产企业注销登记,并将办理情况及时通知人民法院。此外,破产财产不足以支付破产费用和公益债务时,破产管理人应及时申请终结破产程序。

(三)债权人申报及债权人会议

1. 债权人申报主体和期限

根据《企业破产法》的规定,无论是进入破产重整程序、清算程序还是和解程序,债权人都需要在规定的期限内向人民法院指定的破产管理人申报债权。债权申报主体可以是法人也可以是个人,债权人为法人的,应当提供企业营业执照复印件、法定代表人身份证明及身份证复印件、组织机构代码证复印件、授权委托书以及代理人身份证复印件等资料，以向管理人证明自身的主体资格，并向管理人说明代理人有权进行债权申报等事宜。

人民法院在通知或公告债权申报通知的时候，会相应指定债权申报期限，破产企业的债权人应当按照指定的债权申报期限进行债权申报。如果超期未进行债权申报的，并非不可以补充申报，但是因为补充申报而产生的管理人审查债权的费用等应当由申报人承担。未按期申报将会面临诸多风险：

(1)未按期申报，已经分配的财产不再对其补充分配。实务中，破产财产分配往往不止一次，第一次分配多为大额分配，如债权人在第一次分配后申报债权，那么根据法律规定，第一次已经分配的财产不再对补充申报的债权人分配，故得到实际清偿的比例会大大降低。

(2)未按期申报，程序权益无法保证。破产程序中，处置破产企业财产、重整事项、和解条款等重要事项需要债权人进行表决，如不积极申报债权，便无法参加债权人会议，无法行使表决权，债权人的权利可能因此无法实现。

2. 债权人申报材料

①债权申报书。

②证据材料。

③如计算利息，应附详细的计息清单(利息计算至人民法院受理破产申请之日)。

④法定代表人或负责人身份证明书。

⑤法人提供加盖公章的营业执照副本、组织机构代码证副本复印件；自然人提供身份证或其他有效证件的复印件。

⑥授权委托书和受托人有效的身份证明（委托代理人的提供），若受托人是律师的，还应提供其所在事务所出具的指派函。

⑦其他应提供的材料。

3. 债权人申报的其他注意事项

申报人向管理人提交债权申报资料后，应当积极参加第一次债权人会议。可以在债权人会议核查债权前询问管理人自己申报的债权是否还需补充证据资料，以使债权能够得到应有的确认。在债权人会议核查债权后，申报人应向管理人索要经债权人会议确认的债权登记表，如对债权表内的记载事项有异议，可向受理破产申请的人民法院提起诉讼。

债权人申报的债权得到管理人确认并经债权人会议核查通过后，要积极行使自己债权人的权利，通过债权人会议、债权人委员会监督管理人的工作，并可以时常了解管理人的工作进展，以使自己的权益不受损害。

对于管理人的违法行为致使自己损失的，债权人可以提起诉讼，要求管理人赔偿损失。

4. 债权人会议

（1）债权人会议的组成

债权人会议由出席人员和列席人员组成。所有债权人均为债权人会议的出席人员，包括无财产担保的债权人、有财产担保的债权人和代替债务人清偿债务后的保证人等。鉴于中国破产法对未如期申报债权的债权人剥夺其参加破产程序的权利，因而，实际参加债权人会议的债权人应当符合以下条件：

①其债权须在破产案件受理前成立；

②已于法定期间内申报和登记；

③经审查，人民法院已确认其债权人资格。

债权人会议的出席人员享有请求召开债权人会议、参加会议和在会议上发言、询问、表决的权利。有财产担保的债权人除非其放弃优先受偿权，不享有表决权，但其优先受偿权的行使受到限制，或者债权人会议的决议可能对其利益产生消极影响的除外。

债权人既可以亲自出席债权人会议，也可以委托代理人出席债权人会议。债权人委托代理人代为出席的，应向法院或债权人会议主席提交由委托人签名盖章的授权委托书。关于代理人的资格，法律并无特别规定，可以委托其他债权人或者债权人以外的一般人。代理人代为出席的，其权利的行使应与债权人的地位相同，享有债权人应有的发言、表决等权利。

债权人会议设会议主席，会议主席由人民法院于第一次会议召开时从有表决权的债权人中指定并宣布。除第一次债权人会议由法院主持外，以后的债权人会议由会议主席主持，但法院均应参加会议，以便监督、指导、了解和掌握有关会议的情况。所谓主持，一般包括指挥会议的开会和闭会、指挥会议的讨论和发言及其他日程安排、维持会议进行过程中的正常秩序等。

(2)债权人会议的职权

债权人会议的职权包括：

①审查有关债权的证明材料，确认债权有无财产担保及其

数额；

②讨论通过和解协议草案；

③讨论通过破产财产的处理和分配方案；

④听取债务人企业整顿情况的报告；

⑤监督破产清算组活动；

⑥申请终结整顿等。

（四）破产重整、破产和解、破产清算

1. 破产重整

破产重整制度，是指对存在重整原因、具有挽救希望的企业法人，经债务人、债权人或其他利害关系人的申请，在法院的主持下及利害关系人的参与下，依法同时进行生产经营上的整顿和债权债务关系或资本结构上的调整，以使债务人摆脱破产困境、重获经营能力的破产清算预防程序。破产重整制度的意义在于为濒临破产的企业增加一次恢复生机的机会，减少债权人和投资于债务人的股东的损失。同时，也能够在一定程度上减少社会财富的损失和因债务人破产而失业的人口数量，保持社会稳定。

较之破产清算制度与破产和解制度，破产重整制度的主要特点包括：

（1）重整申请人的范围更为广泛。重整申请人可以为债务人或者其债权人、其出资人（股东）。该申请无前置程序，可直接向法院提出。但是债务人的出资人提出重整申请受到两点限制：一是出资额必须占债务人注册资本额的1/10以上；二是

债权人对债务人提出破产清算申请并为法院受理后，法院尚未宣告债务人破产前，才能提出重整申请。

(2)债务人有机会自行管理企业财产及营业事务。在破产重整程序中，债务人有机会自行管理企业，这无疑给债务人的重生增加了便利，也提升了重整成功的可能性。不过，债务人自行管理企业需要向法院提出申请，由法院根据债务人的综合情况决定是否批准。而且，即便由其自行管理企业，也需要接受法院及债权人负责的管理人的监督。

(3)担保物权暂停行使。在重整制度的安排上，既要考虑尊重担保债权人的权益，也要考虑有利于实现重整的目标。为了企业的复兴和债权人的共同利益，在重整期间，对债务人的特定财产享有的担保权暂停行使。但是，担保物有损坏或者价值明显减少的可能，足以危害担保权人权利的，担保权人可以向法院请求恢复行使担保权。在重整期间，债务人或者管理人为继续营业而借款的，可以为该借款设定担保。

(4)重整计划的多样性。重整计划是有关债务人重建的具体方案，是债务人再生的宣言书。它包括有关各类债权人、担保权人、股东的全部或者部分权利的变更，公司营业或财产的转让，产权变更，资本减少或新股，债券的发行，兼并、分立，公司的新设等措施。

(5)重整计划具有强制性，包括重整计划的强制批准和强制执行。重整计划草案的通过条件较为苛刻，一份对债务人重生十分有利的重整计划草案，有可能因某一表决组的拒绝而无法通过。此种情况下，法院可以直接以裁定的方式强制批准该重整计划。重整计划一旦被裁定批准,对债务人和全体债权人均具有约束力,各方当事人应当严格按照重整计划履行。

2. 破产和解

破产和解制度,是指为避免破产清算,由债务人提出和解申请并提出和解协议草案,经债权人会议讨论通过,并经法院许可的关于解决债权债务问题的一系列制度。和解是一种特殊的法律行为,双方法律行为以双方当事人的意思表示一致为条件,而这种法律行为不仅需要债权人会议与债务人意思表示一致,而且要经过人民法院的裁定认可,方能成立。

破产和解制度具有独特的法律特征:

①和解制度的适用以当事人向有管辖权的法院提出和解申请为必要条件。当事人不提出申请,法院不能依职权和解。

②和解虽然具有合同性质,但它的成立只需要一部分债权人同意即可,并不需要作为一方当事人的全体债权人一致同意。和解协议一旦生效,对全体债权人均具有法律约束力。

③和解的成立,必须经过法院的裁定许可。

④和解程序有优先于破产程序的效力。

⑤和解协议没有法律强制力,在债务人履行和解协议完毕之前,不具有确定和变更债权债务关系的效力。

3. 破产清算、破产重整和破产和解的区别

(1)三者的调整内容和规范重点有所区别

破产清算制度是通过宣告债务人破产后,由破产管理人对破产财产进行清算、评估、处理,并按照规定的程序和分配规则对破产财产进行分配,最终使债务人不复存在的一套制度。破

产清算制度往往适用于那些无法通过重整或和解而继续生存下去的公司。

破产和解制度着眼于通过债权人与债务人的协商，减免债务数额及延缓债务履行期限，使债务人摆脱了经济困难、避免破产，从而维护社会正常交易秩序，兼顾当事人个体利益与社会利益。

企业重整制度则着眼于积极预防破产，充分调动各方利害关系人的积极性，共同拯救陷于经营困境的企业，从根本上恢复债务人的生产经营能力，维持企业正常的生产经营秩序，实现企业价值的更生再造。在性质上，重整制度具有债务清理和企业拯救的双重目的，而后者是主要方面。

(2)三者的适用条件不同

能够启动破产清算程序，必须是债务人出现了破产原因。破产原因有两种：一是债务人不能清偿到期债务，且资产不足以清偿全部债务，而无论该等债务是否到期；二是债务人不能清偿到期债务，且明显缺乏清偿能力。只要满足上述情形之一的，即可被认定为出现了破产原因。破产原因并不论债务人是否经营盈亏，只问能否偿还债务，如有的企业本身经营并不亏损，却因不适当地承担了担保责任而被宣告破产。

对破产和解而言，程序启动的条件与破产清算程序启动的条件是一致的，即出现了破产原因。

相对来说，破产重整程序开始的条件较破产清算、和解程序更为宽松，不仅在破产原因已经发生时可以申请重整，在债务企业有明显丧失清偿能力可能时（即有发生破产原因可能时），债权人也可以申请重整。

(3) 三者的申请人范围不同

破产清算申请人可以是债务人和债权人。此外,对于企业已解散但未清算或者未清算完毕,且资产不足以清偿债务的,依法负有清算责任的人应当向法院申请破产清算;金融机构具有破产原因的,国务院相应的金融监督管理机构亦可以提出破产清算。

破产和解申请人仅限于债务人。也就是说,当债务人不能清偿到期债务而具备破产原因时,债权人依法有权向法院申请宣告债务人破产,而不能提起破产和解,只有债务人为了避免被宣告破产,可以向债权人提出破产和解的请求。

破产重整制度的申请人则较为广泛,分为两种情况:一是破产案件受理前的初始重整申请,可以由债务人或者债权人提出;二是破产案件受理后,破产宣告前的后续重整申请,初始申请为债权人申请债务人破产清算的,债务人或者持有债务人注册资本1/10以上的出资人可以提出。此外,金融机构具有破产原因或者有发生破产可能的原因,国务院相应的金融监督管理机构亦可以提出破产重整。

(4) 三者所适用的法律措施不尽相同

破产清算制度只是通过法律程序对债务人财产进行清算,并将可分配财产在有关权利人(主要是债权人)间实现较为公平的清偿,因而没有更多的措施可以采用。

破产和解制度是通过债权人与面临被宣告破产的债务人之间就减免债务、债务的迟延履行等方面达成和解协议的方式实现的，可以采取的措施也较为单调，主要靠债权人的让步，给债务人以喘息的机会从而获得清偿。

企业重整制度的适用目标是企业摆脱经营困境，维持其正常经营秩序。为此，重整制度的措施较为丰富，只要法律没有明确限制或者禁止的，原则上都可以实施。重整方式具有多样灵活性，如当各个表决组不能一致以法定多数通过重整计划时，管理人可根据企业具体情况，决定将重整计划提交法院强制批准。

第四节　吊销营业执照

企业法人被吊销营业执照后，应当依法进行清算，清算程序结束并办理工商注销登记后，该企业法人才归于消灭。担任因违法被吊销营业执照的公司、企业的法定代表人，并对该企业违法行为负有个人责任的人，自该公司、企业被吊销营业执照之日起，3 年内不得担任公司的董事、监事、经理。被吊销营业执照的企业，应当将营业执照公章、合同专用章等缴回原登记机关，企业名称 3 年之内不得使用。利用应收缴的营业执照从事经营活动的，按无照经营论处。

以下情况可能导致企业被吊销营业执照：

（1）虚假注册。即以各类虚假文件骗取注册的情形。凡以虚假注册或者欺骗手段骗取营业执照，情节严重的，皆有可能被吊销营业执照。

(2)无故不开业或者停业。公司成立后无正当理由超过6个月未开业的,或者开业后自行停业连续6个月以上的,由公司登记机关吊销营业执照。

(3)不申请注销。对已经破产或者解散清算结束后却不办理注销登记的名存实亡的企业,可以吊销其营业执照。

(4)滥用执照。执照颁发的对象是特定的,执照上面的内容也是经过特定审视而特别加以记载的,任何伪造、涂改、出租、出借、转让营业执照的行为,都有可能导致营业执照被吊销。

(5)非法经营。具体又可分为两类情形:一为超越经营范围的越权经营;二为违反各类法律法规的经营活动。在《产品质量法》《消费者权益保护法》《环境保护法》《反不正当竞争法》《价格法》等法律中都规定了因非法经营而吊销营业执照的具体情形。

第五节 公司注销登记

除了进入破产清算的公司之外,不再运营的公司也应该及时办理注销手续,因为公司成立后无正当理由超过6个月未开业的,或者开业后自行停业连续6个月以上的,将会被公司登记机关吊销营业执照。未在规定时间内注销的公司会被工商部门加入经营异常名录(即俗称的“黑名单”),以后该公司去工商、税务办理任何事务都会比较麻烦。被吊销公司的法定代表人、股东也会被工商局列入“黑名单”,在3年内无法使用自己的名义再注册公司;税务则永久被列入监控“黑名单”,如再注册公司,将被税务机关追溯补税罚款。银行个人信用记录不良将保持7年,而且要被罚款;个人信用记录不良将进入征信系统,对本人以后银行贷款、出国等都会有所影响。

1. 经营异常名录

企业年度检验制度已经改为企业年度报告公示制度。如果企业未按照《企业信息公示暂行条例》(本部分以下简称“该条例”)中规定的期限公示年度报告,或者未按照工商行政管理部门责令的期限公示有关企业信息,或者企业公示信息时隐瞒真实情况、弄虚作假的,工商行政管理部门可将该企业列入经营异常名录,通过企业信用信息公示系统向社会公示,提醒其履行公示义务。

被列入经营异常名录的企业依照该条例规定履行公示义务的,工商行政管理部门可将该企业移出经营异常名录。但满3年仍未依照该条例规定履行公示义务的,工商行政管理部门会将该企业列入严重违法企业名单,并通过企业信用信息公示系统向社会公示。被列入严重违法企业名单的企业的法定代表人、负责人,3年内不得担任其他企业的法定代表人、负责人。企业自被列入严重违法企业名单之日起满5年未再发生上述情形的,工商行政管理部门可将该企业移出严重违法企业名单。

因此,企业应当于每年1月1日至6月30日,通过企业信用信息公示系统向工商行政管理部门报送上一年度的年度报告,并向社会公示。企业年度报告内容包括:

①企业通信地址、邮政编码、联系电话、电子邮箱等信息;

②企业开业、歇业、清算等存续状态信息；

③企业投资设立企业、购买股权信息；

④企业为有限责任公司或者股份有限公司的，其股东或者发起人认缴和实缴的出资额、出资时间、出资方式等信息；

⑤有限责任公司股东股权转让等股权变更信息；

⑥企业网站以及从事网络经营的网店的名称、网址等信息；

⑦企业从业人数、资产总额、负债总额、对外提供保证担保、所有者权益合计、营业总收入、主营业务收入、利润总额、净利润、纳税总额信息。

第①项至第⑥项规定的信息应当向社会公示，第⑦项规定的信息由企业选择是否向社会公示。

此外，企业还应当自下列信息形成之日起20个工作日内通过企业信用信息公示系统向社会公示：

①有限责任公司股东或者股份有限公司发起人认缴和实缴的出资额、出资时间、出资方式等信息；

②有限责任公司股东股权转让等股权变更信息；

③行政许可取得、变更、延续信息；

④知识产权出质登记信息；

⑤受到行政处罚的信息；

⑥其他依法应当公示的信息。

2. 公司注销要求

在破产清算程序结束之后，公司就进入了注销程序。公司清算组应当自公司清算结束之日起30日内向原公司登记机关申请注销登记，并且提交下列文件：

①公司清算组负责人签署的注销登记申请书；

②人民法院的破产裁定、解散裁判文书，公司依照《公司法》作出的决议或者决定，行政机关责令关闭或者公司被撤销的文件；

③股东会、股东大会、一人有限责任公司的股东、外商投资的公司董事会或者人民法院、公司批准机关备案、确认的清算报告；

④《公司法人营业执照》；

⑤法律、行政法规规定应当提交的其他文件。

国有独资公司申请注销登记，还应当提交国有资产监督管理机构的决定，其中，国务院确定的重要的国有独资公司，还应当提交本级人民政府的批准文件。

有分公司的公司申请注销登记，还应当提交分公司的注销登记证明。

3. 一般注销程序

一般注销程序主要分为六步：

注销公司税务登记证正、副本→工商注销备案→注销登报公告→工商注销→注销代码证→银行注销

(1)注销公司税务登记证正、副本

所需资料：

①税务登记证正、副本；

②本年度汇算清缴报告；

③注销报告；

④填写税务注销表格(如果有未用完发票要先核销)；

⑤发票领购簿；

⑥所有发票的存根（包括已入账和未开具的）；

⑦税务机关进行注销检查的资料以及要求提供的其他资料（申请过程中由税务专管员临时通知）；

⑧所有的账务资料；

⑨公章、财务章、法人章；

⑩公司股东会决议及注销申请一份；

⑪注销税务登记申请审批表一式三份（或一式两份）。

(2) 工商注销备案

所需材料：

①公司营业执照正副本原件及副本复印件；

②公司股东会决议（内容就是注销公司，成立清算小组）；

③委托代理人证明；

④注销申请书；

⑤公章；

⑥公司原始档案；

⑦到工商局领取表格。

（注：以上提供资料以实际要求为准进行提供，并会临时性提供注销所需资料。）

(3) 注销登报公告（登报45日后再去注销公司）

所需材料：

①公司营业执照复印件、公司股东会决议复印件；

②法定代表人身份证复印件；

③公告内容（××公司准备注销，请各债权债务人自见报

45 日内到我公司清算小组办理债权债务事宜)；

④注销登报公告需要到当地市级公开发行报刊办理；

(4)登报 45 日后，再次到工商局办理注销申请

所需材料：

①公司营业执照原件(正副本)；

②国税、地税注销证明文件原件及复印件；

③公司股东会决议(解散公司、确认清算报告)；

④公司清算报告；

⑤工商局领取的表格；

⑥公司原始档案；

⑦注销申请书；

⑧委托代理人证明；

⑨公章。

(5)注销代码证

所需材料：

①营业执照注销证明文件；

②代码证原件。

(6)银行注销

所需材料：

①国税、地税注销结果通知单；

②组织机构代码正本；

③营业执照正本；

④公章、财务章、法人私章；

⑤法人身份证原件；

⑥经办人身份证原件；

⑦印鉴卡；

⑧印鉴卡上预留印鉴；

⑨基本账户开户许可证；

⑩支票本；

⑪电汇凭证等银行相关资料；

⑫销户申请书。

4. 简易注销程序

根据现行法律规定，注销企业程序复杂、耗时较长，一定程度上影响了市场机制效率。因此，国家工商总局推出了《关于全面推进企业简易注销登记改革的指导意见》。自 2017 年 3 月 1 日起，在全国范围内全面实行企业简易注销登记改革，以缩短市场主体退出周期，降低退出成本，提高登记效率。

领取营业执照后未开展经营活动、申请注销登记前未发生债权债务或已将债权债务清算完结的有限责任公司、非公司企业法人、个人独资企业、合伙企业，可以自主选择适用一般注销程序或简易注销程序。

企业有下列情形之一的，不适用简易注销程序：涉及国家规定实施准入特别管理措施的外商投资企业；被列入企业经营异常名录或严重违法失信企业名单的；存在股权（投资权益）被冻结、出质或动产抵押等情形的；有正在被立案调查或采取行政强制、司法协助、被予以行政处罚等情形的；企业所属的非法人分支机构未办理注销登记的；曾被终止简易注销程序的；法律、行政法规或者国务院决定规定在注销登记前需经批准的；不适用企业简易注销登记的其他情形。

人民法院裁定强制清算或裁定宣告破产的，有关企业清算组、企业管理人可持人民法院终结强制清算程序的裁定或终结破产程序的裁定，向被强制清算人或破产人的原登记机关申请办理简易注销登记。

企业申请简易注销登记，应当先通过国家企业信用信息公示系统《简易注销公告》专栏，主动向社会公告拟申请简易注销登记及全体投资人承诺等信息（强制清算终结和破产程序终结的企业除外），公告期为45日。登记机关应当同时通过国家企业信用信息公示系统，将企业拟申请简易注销登记的相关信息推送至同级税务、人力资源和社会保障等部门，涉及外商投资企业的还要推送至同级商务主管部门。公告期内，有关利害关系人及相关政府部门可以通过国家企业信用信息公示系统《简易注销公告》专栏“异议留言”功能提出异议并简要陈述理由。公告期满后，企业方可向企业登记机关提出简易注销登记申请。

企业在申请简易注销登记时只需要提交《申请书》《指定代表或者共同委托代理人授权委托书》《全体投资人承诺书》（强制清算终结的企业提交人民法院终结强制清算程序的裁定，破产程序终结的企业提交人民法院终结破产程序的裁定）、营业执照正、副本即可，不必再提交清算报告、投资人决议、清税证明、清算组备案证明、刊登公告的报纸样张等材料。

第六章

创业企业刑事法律风险防范

第一节 高管的刑事法律风险

高管，即高级管理人员，如公司的经理、副经理、财务负责人、销售部门总监、上市公司董事会秘书和公司章程规定的其他人员。三鹿奶粉事件是近年来较为典型的公司高管犯罪案件，董事长田文华作为公司高管，因为三鹿牌婴幼儿配方奶粉被发现含有三聚氰胺导致全国大量婴幼儿患肾结石，涉嫌生产、销售含有三聚氰胺的婴幼儿配方奶粉、液态奶制品，于2008年9月被免职、刑事拘留，后被判处无期徒刑，大名鼎鼎的“三鹿”奶粉从市场上消失。从《2016中国企业家犯罪（媒体案例）分析报告》中最新的犯罪报告数据显示，2016年中国企业家刑事涉案情况不容乐观——共有超过600名企业高管涉案。从近几年的数据来看，企业家犯罪数量持续增长，其中既有外部立法、执法和经济环境的原因，也有企业内部治理结构等因素。

在市场运行的过程中，多数企业逐渐形成了法律意识和法律思维，都逐步完善了民事法律风险防控制度，如企业标准化体系建立等，但针对刑事法律风险的防范还存在空缺，下面就企业高管可能涉及的刑事法律风险及如何防范做简要介绍。

从企业高管刑事犯罪的罪名分布来看，常见犯罪类型有贪污、侵占、挪用类犯罪，行贿、受贿类犯罪，非法经营类犯罪，合同诈骗罪及非法集资、非法吸收公众存款等其他犯罪类型等。以下就这五类犯罪做简要说明。

1. 贪污、侵占、挪用类犯罪

这类型的犯罪往往是企业高管利用了自身特定工作岗位的职务权力和便利条件所实施的贪污、侵占、挪用行为。贪污罪，是指国家工作人员和受国家机关、国有公司、企业、事业单位、人民团体委托管理、经营国有财产的人员，利用职务上的便利，侵吞、窃取、骗取或者以其他手段非法占有公共财物的行为。职务侵占罪，是指公司、企业或者其他单位的人员，利用职务上的便利，将本单位财物非法占为己有，数额较大的行为。挪用资金罪，是指公司、企业或者其他单位的工作人员利用职务上的便利，挪用本单位资金归个人使用或者借贷给他人，数额较大、超过3个月未还的，或者虽未超过3个月，但数额较大、进行营利活动的，或者进行非法活动的行为。

在实践中，企业要注意防范企业高管自身利用领导权、决策权、指挥权等管理权力实施犯罪行为，也要注意企业高管利用职务便利与他人勾结、指挥、配合他人实施犯罪行为。通常情况下，企业高管贪污、侵占、挪用类犯罪一般都是涉及公司财产,但这里的财产要做广义的理解,除了最主要的金钱以外,对于不同性质的企业还可能涉及生产经营中产生的利润、技术转让中产生的利润、设备、物资物料等其他财物,甚至偷逃的税款、单位受贿等非法所得也可能与此罪有关。

案例:某公司前董事长、总裁褚某1999年因贪污和巨额财产来源不明罪被处无期徒刑、剥夺政治权利终身。

2.行贿、受贿类犯罪

这类型的犯罪主要是指行贿罪、受贿罪等一类型犯罪行为。我国法律规定的商业贿赂犯罪涉及刑法规定的以下八种罪名:(1)非国家工作人员受贿罪;(2)对非国家工作人员行贿罪;(3)受贿罪;(4)单位受贿罪;(5)行贿罪;(6)对单位行贿罪;(7)介绍贿赂罪;(8)单位行贿罪。触犯本罪,数额较大的,处3年以下有期徒刑或者拘役;数额巨大的,处3年以上10年以下有期徒刑,并处罚金。

贿赂犯罪一直都是危害国家和社会正常运行的一个"毒瘤"。商业贿赂中行贿和受贿行为往往是一种不可分割的双向行为,行贿人与受贿人通过互相利用,各有好处,形成共同的利益关系。企业高管在商务活动中,作为企业代表参与商务洽谈、合同订立、货物交易,不可避免地成为商品购销中相互对应的双方,极易成为这类犯罪的目标对象和实施者。

案例:某国有集团公司原总经理、董事长陈某于1999年至2007年6月期间,在企业经营、转让土地、承揽工程等方面为他人谋取利益,收受他人钱款共计折合人民币1.9亿余元,被某市中级人民法院认定为犯受贿罪,判处死刑,缓期二年执行,剥夺政治权利终身，并处没收个人全部财产。

3. 非法经营类犯罪

这类型的犯罪主要包括未经许可经营专营、专卖物品或其他限制买卖的物品，买卖进出口许可证、进出口原产地证明及其他法律、行政法规规定的经营许可证或者批准文件，以及从事其他非法经营活动。目前常见的非法经营犯罪的种类有非法经营食盐，非法经营烟草，非法经营证券、期货、保险、资金支付结算业务，非法经营外汇，非法经营出版物，非法经营电信业务等。

在实践中，此类犯罪必须由企业高管以谋取非法利润为目的，故意实施上述行为才能构成犯罪。如果行为人没有以谋取非法利润为目的，而是由于不懂法律、法规，买卖经营许可证的，就不构成非法经营犯罪，但仍应由相关主管部门对其追究行政责任。

案例：某大型集团创始人黄某通过内幕交易股票，获取账面收益超过3亿元人民币，2010年因犯非法经营罪、内幕交易罪、单位行贿罪，被判处有期徒刑14年，并处罚金人民币6亿元，没收个人部分财产人民币2亿元。

4. 合同诈骗罪

在诈骗类的犯罪中，企业高管涉及最多的就是合同诈骗罪。在签订、履行合同过程中采取虚构事实或者隐瞒真相等欺骗手段，骗取对方当事人的财物，数额较大的行为，就构成了合同诈骗。我国法律规定合同诈骗罪，是指以非法占有为目的，在签订、履行合同过程中，骗取对方当事人财物的行为。

在实践中,合同诈骗罪的形式有很多,如以虚构企业或者使用假名签订合同;使用假的汇票、本票、支票、土地使用权证、房屋所有权证做担保的;收到货物、货款、预付款或定金等财产后就逃跑的;没有实际履行能力,以先履行小额合同或者部分履行合同的方法,诱骗对方当事人继续签订和履行合同的;等等。

案例:某房产经纪公司高管程某等10人通过骗取购房群众定金和购房首付款的方式,骗取365名购房者房款6300余万元无法返还,给人民群众造成巨大经济损失,某市中级人民法院判决程某犯合同诈骗罪,处无期徒刑,剥夺政治权利终身,并处没收个人全部财产;其余九被告被判处有期徒刑。

5. 非法集资、非法吸收公众存款等其他犯罪类型

除上述类型的犯罪以外,企业高管还可能涉及无金融许可向不特定公众集资或吸收存款、虚报注册资本、虚开增值税发票、虚假出资、抽逃出资和涉黑犯罪等。

案例:上海富商周某于1999年至2003年期间与15家关联企业进行电解铜虚假交易,虚开电解铜增值税专用发票4万余份,涉及税额37亿余元。2007年因虚开增值税专用发票等五项罪名,数罪并罚被判处有期徒刑16年,罚款335万元。

第二节　企业经营中常见的刑事法律风险

在我国的刑事法律系统中,除了企业高管作为个人的犯罪行为应当受到处罚外,还有针对企业本身设定的刑罚条款,企

业同样也会受到刑事处罚，在法律中我们把企业犯罪的行为称为“单位犯罪”。

我国《刑法》第30条明确规定：公司、企业、事业单位、机关、团体实施的危害社会的行为，法律规定为单位犯罪的，应当负刑事责任。

单位犯罪的处罚对象为：①单位；②直接负责的主管人员和其他责任人员。我国《刑法》第31条规定，单位犯罪的，对单位判处罚金，并对其直接负责的主管人员和其他直接责任人员判处刑罚。

因此，企业在经营过程中要始终绷紧诚信经营、遵纪守法这一根弦，切莫触碰法律的红线，对于难以确定合法与否的事宜应当咨询专业律师。下面就企业在经营中可能涉及的刑事罪名做简要介绍，以示警戒。

1. 骗取贷款罪

贷款在企业经营过程中是一个较为常用的融资手段，但企业千万不可图一时之利，骗取贷款。我国《刑法》第175条之一规定，以欺骗手段取得银行或者其他金融机构贷款，给银行或者其他金融机构造成重大损失或者有其他严重情节的，对单位判处罚金，并对其直接负责的主管人员和其他直接责任人员，处3年以下有期徒刑或者拘役；情节特别严重的，处3年以上7年以下有期徒刑。

《最高人民检察院、公安部关于公安机关管辖的刑事案件立案追诉标准的规定(二)》(以下简称“《立案返诉标准二》”)明确，凡以欺骗手段取得贷款等数额在100万元以上的，或者以欺骗手段取得贷款等给银行或其他金融机构造成直接经济损失数额在20万元以上的，或者虽未达到上述数额标准，但多次以欺骗手段取得贷款的，均应立案追诉。

案例：2012年5月2日，被告人杨某出资成立了阳谷某养殖有限公司，刘某为名义股东，注册资本100万元，经营范围为养殖。2012年12月17日，被告人杨某虚构公司资产、隐瞒公司负债，伪造阳谷某养殖有限公司奶牛饲料购销合同，以购买饲料的名义在阳谷沪农商村镇银行骗取贷款80万元，之后被告人杨某没有将这笔贷款用于购买饲料，而是转借给他人和偿还债务，在2013年12月贷款到期后，经银行工作人员多次催收仍未还款，给阳谷沪农商村镇银行造成经济损失80万元。

案发后，经阳谷县人民检察院提起公诉，阳谷人民法院审理后，判处阳谷某养殖公司罚金10万元，杨某有期徒刑10个月，罚金2万元，责令阳谷某养殖公司退还违法所得80万元。

2. 高利转贷罪

我国《刑法》第175条规定，以转贷牟利为目的，套取金融机构信贷资金高利转贷他人，对单位判处罚金，并对其直接负责的主管人员和其他直接责任人员，处3年以下有期徒刑或者拘役。

以转贷为目的的这种行为，通常虚构贷款用途来套取金融机构的贷款，然后，以高于贷款的利息将取得的贷款资金转借给他人。行为人实施转贷行为，大多是将从银行取得的贷款投放到民间。

根据《立案追诉标准二》第26条，高利转贷违法所得数额在10万元以上的就应当立案追诉。但企业千万不能抱侥幸心理,《立案追诉标准二》同时明确,违法所得虽未达到上述数额标准,但2年内因高利转贷受过行政处罚2次以上,又高利转贷的,公安机关仍应当立案追诉。

3. 单位行贿罪

我国《刑法》第393条规定,单位为谋取不正当利益而行贿,或者违反国家规定,给予国家工作人员以回扣、手续费,情节严重的,对单位判处罚金,并对其直接负责的主管人员和其他直接责任人员,处五年以下有期徒刑或者拘役,并处罚金。

案例:2008年6月,某置业有限公司在开发某市一小区工程期间,为了不交、少交税款,在总经理王某的安排下,向某市地税局直属局征收二科科长李某和某市地税局发票局副局长孟某行贿位于该小区房屋,价值49万余元复式楼1栋,致使某置业有限公司偷逃税款153万余元。

案发后,经西华县人民检察院提起公诉,西华县人民法院审理后该置业有限公司犯单位行贿罪,判处罚金人民币4万元。该单位总经理王某犯单位行贿罪,判处有期徒刑1年,缓刑1年。

4. 合同诈骗罪

在上节中我们已经知道,合同诈骗罪指的是以非法占有为目的,在签订、履行合同过程中,骗取对方当事人财物的行为。但企业本身也可能触犯合同诈骗罪。

最高人民法院曾经于1996年发布过《关于审理诈骗案件具体应用法律的若干问题的解释》,在该文件中对哪些行为属于“以非法占有为目的”进行了罗列，虽然该文件已经失效，但其中的内容仍应引起企业的警戒。该文件规定，以下情形应被认定为“以非法占有为目的”：

①明知没有履行合同的能力或者有效的担保，采取欺骗手段与他人签订合同；

②合同签订后携带对方当事人交付的货物、货款、预付款或者定金、保证金等担保合同履行的财产逃跑的；

③挥霍对方当事人交付的货物、货款、预付款或者定金、保证金等担保合同履行的财产，致使上述款物无法返还的；

④使用对方当事人交付的货物、货款、预付款或者定金、保证金等担保合同履行的财产进行违法犯罪活动，致使上述款物无法返还的；

⑤隐匿合同货物、货款、预付款或者定金、保证金等担保合同履行的财产，拒不返还的。

案例：内蒙古临河市某公司的法定代表人为李某。李某经朋友介绍与天津某公司经理相识。2000 年 3 月 19 日，双方在一饭店内签订金额为 500 万元的羊绒购销合同。2000 年 4 月 4 日，天津某公司经理将 400 万元货款以银行汇票的形式汇入内蒙古公司账户。

内蒙古公司当日收到货款，随即划出 114 万元及利息 2 万余元，归还其在中国银行的贷款 114 万元；4 月 5 日又划出 140 余万元归还其欠大兴羊绒有限公司的债务，4 月 6 日、7 日又分别提取现金 100 万元、70 万元。

天津公司发现内蒙古公司未履行合同，开始反复多次向内蒙古公司催促退还货款。内蒙古公司先后五次退还天津公司货款共计226万元,其余174万元货款内蒙古公司拒不归还。

案发后天津市河北区人民检察院提起公诉,天津市河北区人民法院认为被告单位内蒙古公司以签订购销合同的手段,骗取巨额货款,直接用于偿还债务、支付与履行合同无关的费用,致使被害单位巨额货款无法返还,且数额特别巨大,其行为已构成合同诈骗罪。最终判决被告单位内蒙古公司犯合同诈骗罪,判处罚金人民币200万元;被告人李某犯合同诈骗罪,判处有期徒刑12年,并处罚金人民币100万元,剥夺政治权利3年。

5. 假冒注册商标罪

根据我国《刑法》第213条、第220条规定,单位未经注册商标所有人许可,在同一种商品上使用与其注册商标相同的商标,情节严重的,对单位判处罚金,并对其直接负责的主管人员和其他直接责任人员,处拘役或7年以下有期徒刑。

在这里需要注意的是,虽然《刑法》规定的犯罪情节是"使用与其注册商标相同的商标",但2011年《最高人民法院、最高人民检察院、公安部关于办理侵犯知识产权刑事案件适用法律若干问题的意见》同时规定,具有下列情形之一,可以认定为"与其注册商标相同的商标":

①改变注册商标的字体、字母大小写或者文字横竖排列,与注册商标之间仅有细微差别的;

②改变注册商标的文字、字母、数字等之间的间距,不影响体现注册商标显著特征的;

③改变注册商标颜色的;

④其他与注册商标在视觉上基本无差别、足以对公众产生误导的商标。

因此，企业在决定使用某个商标之前，应该做好商标检索工作，确认拟使用的商标不与他人的商标近似甚至相同。这不仅是为了避免与他人发生经济纠纷，更是为了避免普通的商标侵权升格为刑事犯罪。

第三节　税务管理中的刑事法律风险

企业必须依法纳税，如果违反国家关于税务征收和管理的法律法规，具有偷税、逃税，抗拒缴税、逃避追缴欠税或者骗取出口退税行为，给国家造成严重税款流失的，可能构成逃税罪、抗税罪、逃避追缴欠税罪、骗取出口退税罪等。

在商业市场运行的过程中，不少企业因为忽视了税务风险的防控问题，而相继出现了税收上的麻烦，给企业经营和企业声誉都造成了不小的损失。税务风险已经成为伴随企业成长的“肿瘤”，加强企业税务风险意识，强化企业税务风险管理已经成为非常迫切的问题。

1. 逃税、抗税的刑事法律风险

(1)逃税、抗税的相关法律规定

逃税、抗税中的刑事犯罪主要包括以下内容，已在我国《刑法》中予以明确规定：

逃税罪，规定于我国《刑法》第201条：“纳税人采取欺骗、

隐瞒手段进行虚假纳税申报或者不申报,逃避缴纳税款数额较大并且占应纳税额百分之十以上的,处三年以下有期徒刑或者拘役,并处罚金;数额巨大并且占应纳税额百分之三十以上的,处三年以上七年以下有期徒刑,并处罚金。

扣缴义务人采取前款所列手段,不缴或者少缴已扣、已收税款,数额较大的,依照前款的规定处罚。

对多次实施前两款行为,未经处理的,按照累计数额计算。

有第一款行为,经税务机关依法下达追缴通知后,补缴应纳税款,缴纳滞纳金,已受行政处罚的,不予追究刑事责任;但是,五年内因逃避缴纳税款受过刑事处罚或者被税务机关给予二次以上行政处罚的除外。"

抗税罪,规定于我国《刑法》第 202 条:"以暴力、威胁方法拒不缴纳税款的,处三年以下有期徒刑或者拘役,并处拒缴税款一倍以上五倍以下罚金;情节严重的,处三年以上七年以下有期徒刑,并处拒缴税款一倍以上五倍以下罚金。"抗税罪表现为以暴力、威胁方法拒不缴纳税款的行为,这是抗税与逃税的根本区别。

(2)常见的逃税行为

主要有以下两种:

①第一类行为是"纳税人采取欺骗、隐瞒手段进行虚假纳税申报"。对这一类行为比较好理解,常见的有设立虚假的账簿、记账凭证,对账簿、记账凭证进行涂改,未经税务主管机关批准而擅自将正在使用中或尚未过期的账簿、记账凭证销毁处理,在账簿上多列支出或者不列、少列收入等。

②第二类行为是“不申报”。是指不向税务机关进行纳税申报的行为，这也是纳税人逃避纳税义务的一种常用手法。主要表现为已经领取工商营业执照的法人实体不到税务机关办理纳税登记，或者已经办理纳税登记的法人实体有经营活动，却不向税务机关申报或者经税务机关通知申报而拒不申报等。

(3)关于抗税罪

抗税罪表现为违反税收法规的行为，税收法规主要指《税收征收管理法》等法律、法规，除此以外还具有暴力和威胁的行为表现。

①关于暴力，是指对他人身体实施袭击或者使用其他强暴手段，如殴打、伤害、捆绑、禁闭等足以危及他人人身安全的行为。

②关于威胁，是指对他人进行威胁、恫吓，达到精神上的强制、使他人不能抗拒的手段，如手持凶器威吓，扬言行凶报复、揭发隐私、毁坏名誉、加害亲属等。

(4)纳税人有逃税行为的，应及时补缴税款避免刑责

逃税罪主观方面一般为故意，确因疏忽而没有纳税申报的，属于漏税，依法可以补交，其行为不构成犯罪。对于纳税人采取欺骗、隐瞒手段进行虚假纳税申报或者不申报，逃避缴纳税款的，经税务机关依法下达追缴通知后，补缴应纳税款，缴纳滞纳金，已受行政处罚的，不予追究刑事责任。但是，5 年内因逃避缴纳税款受过刑事处罚或者被税务机关给予 2 次以上行政处罚的除外。

(5)发票管理中的逃税问题

为防止税款流失，国家对发票的制造、销售、适用和购买等

一系列行为制定了严格的法律规定。在发票制造和出售环节，法律禁止非法制造、出售非法制造的各类发票，禁止非法出售各类发票，否则要承担刑事责任。在发票使用环节，法律禁止虚开增值税专用发票和可以用于骗取出口退税、抵扣税款的发票。在发票购买环节，禁止非法购买增值税专用发票、禁止购买伪造的增值税专用发票，否则构成相应的犯罪，要接受刑罚的制裁。在实际操作中仍有大量的企业在通过以下方式逃避缴纳税款：

①不开发票。不开具发票，隐匿实际收入，设置账外账，这是目前发票偷税的最常见现象，尤见于餐饮、娱乐等私营性质的小规模服务性行业。许多餐饮娱乐场所常以“发票用完了，还没去买”“先开个收据，下次来再换发票”等借口想方设法搪塞、拖延不给发票，又或以赠送饮料、洗浴票等小礼品等劝阻客户索要发票。

②串用发票。有些企业领用多种发票，经营多项业务，为降低税率，高税低开，或国税、地税发票混用，达到少缴税款的目的，该行为广泛存在于有多种经营项目的宾馆酒店行业。经营者为了达到少缴税的目的，往往将高税收的服务内容开成低税收的服务内容，以降低缴纳税款的比例。还有些企业为了虚增抵扣税款，扩大可用于抵扣税款的建筑安装业、交通运输业、广告业等专用发票使用范围，将不属于可抵扣税款的业务，开具专用发票用于抵扣税款。

③代理开具发票。一些单位因存在无票经营部分，其经营额一般远远大于其开票部分，为他人代理开具发票的收入直接

冲抵无票营业额，这样代理开具单位既不增加销售额，又不易被发现。有的单位和个人以收取“手续费”为目的，将本单位的发票提供给别的单位和个人使用，或者代理开具或者虚开，为偷逃税提供便利。

④虚开发票。一直以来，通过各种渠道收集发票，在税前列支，或抵充个人薪金发放，是很多企业惯用的伎俩。正是有需求必有市场，代他人开票单位满足了这些企业的要求。这些企业从开票单位违规取得发票入账，虚增成本，偷逃企业所得税、个人所得税等。

上述行为均触犯了税收管理相关法规文件，存在行政处罚至刑事犯罪的法律风险。

(6)发票管理中的日常维护问题

国家税务总局于2017年5月19日发布公告，为进一步加强增值税发票管理，保障全面推开营业税改征增值税试点工作顺利实施，保护纳税人合法权益，营造健康公平的税收环境，规定：

①自2017年7月1日起，购买方为企业的，索取增值税普通发票时，应向销售方提供纳税人识别号或统一社会信用代码；销售方为其开具增值税普通发票时，应在“购买方纳税人识别号”栏填写购买方的纳税人识别号或统一社会信用代码。不符合规定的发票，不得作为税收凭证。企业，包括公司、非公司制企业法人、企业分支机构、个人独资企业、合伙企业和其他企业。

②销售方开具增值税发票时，发票内容应按照实际销售情

况如实开具，不得根据购买方要求填开与实际交易不符的内容。销售方开具发票时，通过销售平台系统与增值税发票税控系统后台对接，导入相关信息开票的，系统导入的开票数据内容应与实际交易相符，如不相符应及时修改完善销售平台系统。

2. 逃避追缴欠税的刑事法律风险

(1) 逃避追缴欠税的相关法律规定

逃避追缴欠税中的刑事犯罪主要涉及逃避追缴欠税罪，规定于我国《刑法》第203条："纳税人欠缴应纳税款，采取转移或者隐匿财产的手段，致使税务机关无法追缴欠缴的税款，数额在一万元以上不满十万元的，处三年以下有期徒刑或者拘役，并处或者单处欠缴税款一倍以上五倍以下罚金；数额在十万元以上的，处三年以上七年以下有期徒刑，并处欠缴税款一倍以上五倍以下罚金。"

(2) 构成逃避追缴欠税罪的主要特征

①由具有纳税义务的个体工商户、个体承包户、租赁经营户、个人合伙企业等特殊主体构成，不具备纳税义务人资格的不构成本罪。

②纳税义务人违反国家税收法律法规。

③纳税义务人采取隐瞒或者转移财产的手段。

④逃避追缴欠税的行为致国家税务机关无法追缴所欠税款，数额较大的。

⑤纳税义务人明知自己有补缴所欠缴税款的义务，为逃避税务机关追缴欠税，故意隐瞒、转移财产。确因疏忽而没有纳

税申报等过失情况不构成本罪。

(3)纳税义务人应规避的几点注意事项

①实施在欠税前的逃避行为也可能构成逃避追缴欠税罪。根据法律规定,逃避行为是专指转移财产和隐匿财产,如转移开户行、提走存款、运走商品、隐匿存货等。实践中,有的纳税义务人实施的逃避行为在法定的纳税期限届满以后,这当然构成犯罪。但有的行为是在纳税期内就转移、隐匿财产,企图逃避欠税,这种提前转移资产的目的是为了日后的欠税行为,仍然构成犯罪。如果在纳税期限内就被有关部门发现,很可能纳税义务人会被要求提供纳税担保。

②税收实践中,欠税是时常发生的,对于拥有纳税能力而故意欠税者,税务机关可通过银行从其账户上扣缴税款,或扣押、查封、拍卖其财产以抵缴税款。所以,只要欠税人拥有相当数量的资金和财产,所欠税款是可以追缴的,那么其转移或隐匿的财产最终还是会被税务机关追回。弥补了税款,可以在一定程度上减轻处罚。

3. 骗取出口退税的刑事法律风险

(1)骗取出口退税的相关法律规定

骗取出口退税中的刑事犯罪主要涉及骗取出口退税罪,规定于我国《刑法》第204条:"以假报出口或者其他欺骗手段,骗取国家出口退税款,数额较大的,处五年以下有期徒刑或者拘役,并处骗取税款一倍以上五倍以下罚金;数额巨大或者有其他严重情节的,处五年以上十年以下有期徒刑,并处骗取税款一倍以上五倍以下罚金;数额特别巨大或者有其他特别严重情节的，处十年以上有期徒刑或者无期徒刑，并处骗取税款一倍以上五倍以下罚金或者没收财产。

纳税人缴纳税款后，采取前款规定的欺骗方法，骗取所缴纳的税款的，依照本法第二百零一条的规定定罪处罚；骗取税款超过所缴纳的税款部分，依照前款的规定处罚。”

出口退税制度是国家为了体现税收鼓励出口的政策，使出口商品以不含税的价格进入国际市场，以提高出口商品在国际市场的竞争能力，依法对在国内已征增值税、营业税、消费税的产品（除国家明确规定不予退税的产品外），在其出口时将已征税款予以退还的制度。然而国家的这一惠民政策却逐渐成为部分企业非法交易，从中谋取巨大利益的渠道，使国家的出口退税蒙受巨大损失。

（2）我国出口退税的基本形式

退税有两种基本形式：一种是一般的退税，另一种是出口退税。一般的退税是指由于税务机关错用税率或纳税人申报的错误，或者国家税收政策调整等，造成多征或误征税收，而按规定把多征或误征的税款退还给原纳税人，以及按照规定提取的代征代扣税收的手续费、集贸市场税收分成和按照税收管理制度规定批准的减免税的退税。这种退税属于正常的退税，如果行为人以欺骗、隐瞒等手段骗取这种退税的，属于一般的骗税。由于税务机关根据原征税凭证能够对一般的退税进行比较有效的监督管理，因此对一般的骗税只视为逃税行为进行处罚、数额较大的可以逃税罪论处。而出口退税不同于一般的退税，这种退税是国家为鼓励出国门，增强产品在国际市场上的竞争能力而给予的优惠待遇，而不是因对纳税人多征、误征或减免税收等引起的退税，因此骗取出口退税比一般的骗税的危害性要大。

(3)骗取出口退税的常见情形主要有以下几种：

①串通出口经营权企业，非法获取出口单证、代理出口业务。通过外贸企业，以给“回扣”等各种条件为诱饵、提出代为组织国内“货源”、代理寻找外商客户和代理出口报关等项业务。在外贸企业作出承诺后，以外商名义发来订单，甚至随身携带伪造的境外公司印章，直接以外商代理人身份与外贸企业签订出口协议书。与此同时，又以代为组织国内“货源”名义，串通国内不法生产、销售企业与外贸公司签订内贸合同；甚至直接与外贸公司签订内贸合同，同时向外贸企业提供虚开代开的增值税专用发票，并取得外贸企业提供的出口报关单等单证，代理外贸企业进行所谓“出口报关”业务。

②串通不法生产销售企业，非法获取虚开、代开的增值税专用发票。不法企业开出没有实际商品购销活动的虚假增值税专用发票，开票的货名通常是一些没有外贸出口限制的皮革制品、服装、电器元件以及其他日用小商品等，开票的单价通常远远高出实际商品价格的十几倍甚至几十倍。更有甚者直接从企业获取空白增值税专用发票自行填开，或坐地收购不法企业虚开、代开的增值税专用发票。

③串通不法商人与外贸企业非法调汇，从中获取非法利益。由银行出具的出口收汇单，是标志外贸企业完成商品出口的重要凭证，因而是不法企业在实施其一系列骗取出口退税犯罪行

为中必须完成的一个步骤，也是实际获取非法利益的关键环节。不法企业通常与境内外不法商人相勾结，以向国内投资需要人民币等为由，借用境内外企业的外汇与外贸企业进行非法调汇；有时则通过各种手段，将境内套取的外汇非法汇至境外银行，然后以外商名义与国内外贸企业进行非法调汇交易。这种非法调汇的价格通常比正常调汇价格高出许多，便从这非法调汇的差价中获得了巨额利益。国内外贸企业虽然相应地在非法调汇中受到了损失，但为弥补这一损失并从中获取一定“盈利”，他们只得冒险地使用犯罪分子提供的虚假退税凭证骗取国家出口退税款。

④非法获取盖有海关验讫章的出口货物报关单。在实践中发现有不法企业贿赂海关工作人员，私刻伪造的海关验讫章，以假充真或空车过境，购买少量货物或租用他人货物通关报验等，以骗取出口退税。

上述行为均存在面临行政处罚或刑事犯罪的风险。

4. 虚开发票的刑事法律风险

（1）虚开发票的相关法律规定

虚开发票的违法行为，包括虚开增值税专用发票、用于骗取出口退税、抵扣税款发票，以及上述发票以外的其他发票。

虚开增值税专用发票、用于骗取出口退税、抵扣税款发票罪，规定于我国《刑法》第205条：“虚开增值税专用发票或者虚开用于骗取出口退税、抵扣税款的其他发票的，处三年以下有期徒刑或者拘役，并处二万元以上二十万元以下罚金；虚开的税款数额较大或者有其他严重情节的，处三年以上十年以下有期徒刑，并处五万元以上五十万元以下罚金；虚开的税款数额巨大或者有其他特别严重情节的，处十年以上有期徒刑或者无期徒刑，并处五万元以上五十万元以下罚金或者没收财产。

单位犯本条规定之罪的，对单位判处罚金，并对其直接负责的主管人员和其他直接责任人员，处三年以下有期徒刑或者拘役；虚开的税款数额较大或者有其他严重情节的，处三年以上十年以下有期徒刑；虚开的税款数额巨大或者有其他特别严重情节的，处十年以上有期徒刑或者无期徒刑。

虚开增值税专用发票或者虚开用于骗取出口退税、抵扣税款的其他发票，是指有为他人虚开、为自己虚开、让他人为自己虚开、介绍他人虚开行为之一的。”

虚开发票罪，规定于我国《刑法》第 205 条之一：“虚开本法第二百零五条规定以外的其他发票，情节严重的，处二年以下有期徒刑、拘役或者管制，并处罚金；情节特别严重的，处二年以上七年以下有期徒刑，并处罚金。

单位犯前款罪的，对单位判处罚金，并对其直接负责的主管人员和其他直接责任人员，依照前款的规定处罚。”

(2) 各类发票的定义

所谓“增值税专用发票”，包括增值税专用发票和货物运输业增值税专用发票。

所谓“用于出口退税、抵扣税款的其他发票”，是指除增值税专用发票以外，具有出口退税、抵扣税款功能的收付款凭证或者完税凭证，如农产品收购发票、农产品销售发票及海关进口增值税专用缴款书、解缴代扣境外增值税税款的税收缴款凭证等。

(3)虚开发票行为的界定

这里的发票既包括增值税专业发票和用于出口退税、抵扣税款的其他发票,也包括一般的普通发票;且无论是经税务机关监制的发票,还是伪造的假发票,只要符合以下行为之一的,均构成虚开行为:

①为自己开具与实际经营业务情况不符的发票。

②为他人开具与实际经营业务情况不符的发票。

③让他人为自己开具与实际经营业务情况不符的发票。

④介绍他人开具与实际经营业务情况不符的发票。

(4)对虚开发票的部分刑事定罪标准

①虚开增值税专用发票或者虚开用于骗取出口退税、抵扣税款的其他发票,虚开的税款数额在1万元以上或者致使国家税款被骗数额在5000元以上的,即涉嫌构成虚开增值税专用发票、虚开用于骗取出口退税发票罪、虚开用于抵扣税款发票罪。

②虚开上述两类发票以外的其他普通发票,如建筑安装业、餐饮服务业发票、增值税普通发票等,虚开发票100份以上或者虚开金额累计在40万元以上的,以及虽未达到上述数额标准,但5年内因虚开发票行为受过行政处罚2次以上,又虚开发票的,即涉嫌构成虚开发票罪。

图书在版编目(CIP)数据

创业企业全流程法律服务指引 / 上海翰鸿律师事务所，上海欣谷高科技创业服务有限公司编著. -- 北京 : 法律出版社，2017
ISBN 978-7-5197-1724-7

Ⅰ. ①创… Ⅱ. ①上… ②上… Ⅲ. ①企业法-研究-中国 Ⅳ. ①D922.291.914

中国版本图书馆 CIP 数据核字(2017)第 300691 号

创业企业全流程法律服务指引
CHUANGYE QIYE QUANLIUCHENG FALÜ FUWU ZHIYIN

上海翰鸿律师事务所
上海欣谷高科技创业服务有限公司 编著

责任编辑 张 戬
装帧设计 汪奇峰

编辑统筹 法规出版分社
出版 法律出版社
总发行 中国法律图书有限公司
经销 新华书店
印刷 天津嘉恒印务有限公司
责任印制 吕亚莉
开本 720 毫米×960 毫米 1/16
印张 13.5
字数 130 千
版本 2018 年 1 月第 1 版
印次 2018 年 1 月第 1 次印刷

法律出版社/北京市丰台区莲花池西里 7 号(100073)
网址/www.lawpress.com.cn
投稿邮箱/info@lawpress.com.cn
举报维权邮箱/jbwq@lawpress.com.cn
销售热线/010-63939792
咨询电话/010-63939796

中国法律图书有限公司/北京市丰台区莲花池西里 7 号(100073)
全国各地中法图分、子公司销售电话：
统一销售客服/400-660-6393
第一法律书店/010-63939781/9782　西安分公司/029-85330678　重庆分公司/023-67453036
上海分公司/021-62071639/1636　深圳分公司/0755-83072995

书号:ISBN 978-7-5197-1724-7　**定价**:48.00 元